AF281177

UNA APROXIMACIÓN TIPOLÓGICA Y TECNOLÓGICA A LAS CERÁMICAS PALEOANDALUSÍES Y EMIRALES DE CEUTA

Ana Mateos-Orozco

INSTITUTO DE ESTUDIOS CEUTÍES
CEUTA 2024

Colección *Trabajos de Investigación*
Historia y Aqueología

© EDITA: INSTITUTO DE ESTUDIOS CEUTÍES
Apartado de correos 593 • 51080 Ceuta
Tel.: + 34 - 956 51 0017
E-mail: iec@ieceuties.org
www.ieceuties.org

Comité editorial:
Carlos Pérez Marín • José Luis Ruiz García
Adolfo Hernández Lafuente • María José Fernández Maqueira
Guadalupe Romero Sánchez • María Jesús Fuentes García

Jefa de publicaciones:
María Teresa Cuesta Chaparro

Diseño y maquetación:
Enrique Gómez Barceló

Realización e impresión:
Papel de Aguas S. L. - Ceuta

ISBN: 978-84-18642-63-0
Depósito Legal: CE 28 - 2024

ÍNDICE

UNA APROXIMACIÓN TIPOLÓGICA Y TECNOLÓGICA A LAS CERÁMICAS PALEOANDALUSÍES Y EMIRALES DE CEUTA

INTRODUCCIÓN Y CONTEXTO HISTÓRICO ARQUEOLÓGICO DE LA CEUTA EMIRAL

Ceuta cuenta con una situación geoestratégica única que la configura como un punto de enorme interés para los asentamientos humanos. Su localización en el Estrecho de Gibraltar y la conexión directa con los puertos del sur peninsular, en especial Algeciras, así como otros puertos del norte de África, ha facilitado las constantes conexiones entre estos territorios, siendo Ceuta el punto de unión entre ellos.

En este trabajo nos interesa estudiar el periodo Alto Medieval en la ciudad, es decir, el final de la Tardoantigüedad, asumiendo el dominio bizantino y llamado la atención sobre el siglo VII y especialmente la conquista islámica y los primeros siglos de dominación islámica. Realizaremos una breve aproximación histórico-arqueológica de los cambios acontecidos en la ciudad, comparando el conocimiento tradicional aportado por las fuentes escritas con los datos de las intervenciones arqueológicas más recientes.

Sabemos que Ceuta formó parte de las ciudades bizantinas del Mediterráneo e *Ifriquiya*. En este sentido Ceuta se configura como un caso único, ya que posiblemente continuara bajo el dominio bizantino hasta momentos muy avanzados, incluso durante los primeros momentos tras la conquista islámica (Bernal Casasola, 2018: 107-116). Se conocen referencias a la ciudad de época Justinianea durante la *Renovatio Imperii*, mencionando cómo se construyen diferentes estructuras como una base naval, se restauran las murallas y se consagra una iglesia a la Theotokos. Al Bakri en época islámica (siglo XI) señala que algunos de estos edificios seguían formando parte de la ciudad, destacando iglesias, baños y un acueducto que llevaría agua a una de las iglesias, convertida en mezquita en esos momentos (Villada Paredes y Bernal Casasola, 2020).

La escasez de elementos arqueológicos, sumada a la escasez de intervenciones arqueológicas, conllevó a que diferentes investigadores propusieran un posible hiato poblacional desde los siglos V al IX. Las intervenciones de las últimas décadas, sobre todo en el área del istmo, han supuesto el cambio de este panorama (Pérez Rivera y Bernal Casasola, 1995: 197; Hita y Villada, 1994: 67 en Villada

Paredes y Bernal Casasola, 2020). Las diferentes intervenciones arquitectónicas históricas en este sector, el istmo, destacando la construcción de las murallas reales y posteriormente el Parador y demás equipamiento público, probablemente ocasionaron la destrucción de gran parte del registro arqueológico, generando un vacío de información en la actualidad que es necesario reseñar (Villada Paredes y Bernal Casasola, 2020), ya que consideramos que es algo que también se puede aplicar a la ocupación emiral. En este sector, en la Puerta Califal, por una suerte en su casuística, se ha podido documentar ocupación continuada.

Por otro lado, en la Plaza de la Virgen de África (Fig. 1), en este mismo sector, también se documentan interesantes contextos de época tardoantigua y bizantina en Ceuta. Entre la cerámica identificada se observan con claridad contextos de los siglos V y VI, y también del VII y VIII, aunque sin precisiones cronológicas. En este grupo de cerámicas de los siglos V y VI aparece un conjunto realizado a mano, con similitudes a las producciones mediterráneas de estos momentos, por lo que se han interpretado como importadas en su mayoría (Bernal Casasola et al., 2014). Consideramos estos elementos característicos de la cerámica a mano del norte de África y que también se documentan en la Calle Fructuoso Miaja en momentos posteriores. La pervivencia de estas formas es amplia y se relaciona con la pervivencia de tradiciones locales.

Para el siglo VIII, momento de la conquista islámica, Ceuta se configuraba como una ciudad relevante, bien fortificada y con buenos recursos alrededor (*Ajbar Machmua*, Gozalbes Busto, 1989: 21-36). Al Himyari, aunque es una fuente del siglo XV, señala a Julián, señor de Ceuta, como instigador de la conquista y enfatiza la relevancia de los puertos del Estrecho, destacando Algeciras como primera ciudad tomada en la península, la cual se encontraba frente a la puerta de Ceuta. La figura del conde Julián es de crucial importancia para entender el papel de Ceuta en la conquista de al-Andalus, así como para el desarrollo de la ciudad en los años posteriores. Dejando a un lado las interpretaciones sobre este personaje y sus motivaciones para o bien instigar o bien ayudar a la conquista, las fuentes indican cómo, tras prestar su ayuda a los musulmanes, Julián pactaría con el general Musa y obtendría así amnistía para la ciudad y la confirmación de su mandato. De esta manera, como indican autores como Ibn Jaldun, no sería hasta su muerte cuando los árabes entrarían en la ciudad. Esto podría coincidir con el hecho de que Ceuta no vuelva a mencionarse en las fuentes hasta el 740, coincidiendo quizá con esta nueva situación en el gobierno de este enclave (Gozalbes Busto, 1989: 21-36; Hita et al, 2008: 12-14).

A mediados del siglo VIII, los bereberes sitian la ciudad y asolan el entorno, generando una situación de hambruna extrema. En esta ocasión la ciudad se menciona como el lugar donde los contingentes sirios se refugian tras las revueltas bereberes del norte de África y tras pedir auxilio, acaban cruzando el Estrecho para instalarse en al-Andalus. Las fuentes hablan de una ciudad completamente asolada por los bereberes, en una situación dramática y que queda despoblada. Es arriesgado, sin duda, pensar que la ciudad quedara despoblada por completo. Sería lógico que una reducida parte de la población se quedara en ella, ya que debemos tener en cuenta que además de los sirios que partieron a al-Andalus, la población autóctona pudo continuar allí. Sea como fuere, la ciudad desaparece de los relatos históricos hasta la mención de *Medyekes*, un líder *chii*, *jariyi* o incluso pagano que toma la ciudad y se convierte al Islam. Esta referencia ha hecho pensar que pudiera tratarse de un líder pagano, pero es un concepto que también se usa frecuentemente para referirse a las conversiones de *chiíes* y *jariyíes* (Ferhat, 1993 en Hita et al., 2008: 12-16). Según la interpretación de Gozalbes Busto (1989: 21-36) provendría de una tribu *jariyí*, ya que tras la sublevación bereber y el aislamiento del norte del África, las tribus bereberes buscarán generar un islam propio, adoptando doctrinas extremistas del *jariyismo*, alejándose así del dominio y la influencia árabe. Atendiendo a esto, la refundación de *Medyekesa* (nombre atribuido a la Ceuta precalifal) tendría lugar aproximadamente en el 820-830 como resultado de los conflictos bereberes por el reparto del territorio. (Gozalbes Busto, 1989: 21-36). Otros autores, como Ferhat (1993: 54 en Hita et al., 2008: 12-16) indican que la coincidencia en los relatos fundaciones de muchas de las ciudades magrebíes podría estar indicando una modificación consciente del relato histórico para crear historias comunes, de manera que traslada en su interpretación la fecha de la refundación de Ceuta al 753.

Si bien es cierto, que el relato es sospechosamente similar entre todas las ciudades norteafricanas, también es cierto que los acontecimientos que se desarrollaron en ellas también lo fueron; por lo que, al menos de momento, no podemos seleccionar una u otra de las interpretaciones aportadas para la fecha de refundación. El estudio del registro material podría ser crucial para esclarecer esta duda. Opinamos, aun así, que la ausencia de materiales para la fecha más antigua propuesta (753) no es excluyente, puede ser resultado de sesgos propios de la disciplina arqueológica. Igualmente, la presencia de elementos de mediados del siglo VIII no tiene porqué indicar la refundación de la ciudad sino el mantenimiento de parte de la población en el enclave, cosa que sería lógica y normal.

A mediados del siglo IX se produciría un momento de inestabilidad motivado por sequías, hambrunas y epidemias, mencionado por Al Bakri e Ibn Idari. En este momento, podría haberse producido el traslado de habitantes de *Qalsana* (ciudad situada en Cádiz, actualmente en el entorno de La Junta de los Ríos en Arcos de la Frontera), quienes habrían realizado diferentes reformas en las murallas, así como en el entramado urbano y la edificación de viviendas. Así, para el siglo IX, asumiendo la veracidad del relato, podríamos encontrar una gran similitud en los repertorios materiales y arquitectónicos de Ceuta con los del suroeste peninsular y en concreto con los de la Cora de Sidonia. Finalmente, en el 931, Ceuta volvería ser de nuevo "conquistada" por los ejércitos del califato Omeya (Hita et al., 2008: 14).

Como vemos, el periodo comprendido entre la conquista islámica de la ciudad y el siglo IX presenta dudas y lagunas aun por completar. Como se ha expuesto, el istmo se presenta hasta el momento como la única zona con ocupación continuada en la ciudad. El área de estudio de este trabajo, la Calle Fructuoso Miaja, se encuentra hacia el este de la ciudad, en la denominada área de la Almina, aproximadamente a 1.5 km del istmo (Fig. 1). Esta zona se consideraría en la periferia al ámbito urbano hasta prácticamente época bajomedieval, aunque diferentes intervenciones arqueológicas han podido mostrar una ocupación esporádica del espacio desde al menos la Alta Edad Media (Hita et al., 2008: 11-34). No obstante, tanto en el periodo Tardoantiguo como en el Altomedieval, es común encontrar ocupaciones dispersas en los núcleos urbanos, resultado de la desintegración de la trama urbana.

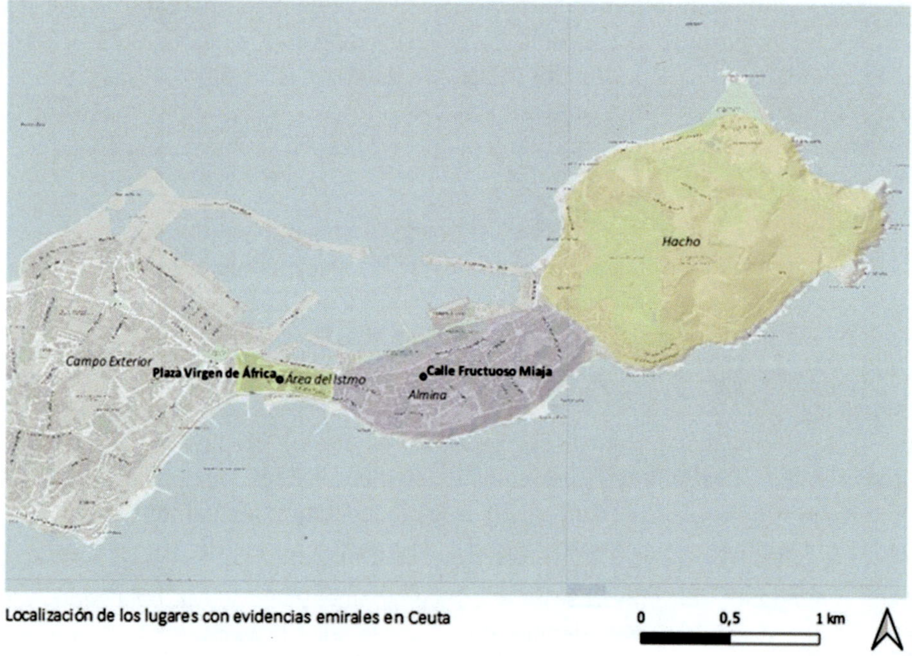

Figura 1. Plano de localización de la Calle Fructuoso Miaja en Ceuta con respecto al área del istmo

LA INTERVENCIÓN ARQUEOLÓGICA EN LA CALLE FRUCTOSO MIAJA

La intervención tuvo lugar en 2005, identificándose diferentes contextos entre los que destacamos un contexto de carácter funerario fechado ente los siglos XII y XIII y una fosa, interpretada como un vertedero doméstico, que se situó cronológicamente entre los siglos IX y X . Son los materiales de esta fosa los que captan nuestra atención en este trabajo, aunque ya fueron estudiados en un artículo mencionado sobre la ciudad precalifal (Hita et al., 2008: 24).

Consideramos de interés, señalar el contexto arqueológico de la Calla Fructuoso Miaja, puesto que nos puede señalar aspectos interesantes sobre sus dinámicas ocupacionales. La necrópolis, con 14 inhumaciones (atendiendo al número mínimo de individuos) se compone de fosas simples excavadas directamente sobre el sustrato geológico, lo que nos indica que, al margen de la fosa 002 que nos incumbe, no existe ocupación previa evidente en este espacio. Por otro lado, la existencia de un cementerio parece indicarnos que nos encontremos en una zona posiblemente periférica, que posteriormente quedaría englobada dentro del espacio urbanizado de la ciudad (Villada Paredes, 2005: 5-20).

La fosa, también excavada sobre el sustrato geológico y estratigráficamente anterior a la necrópolis, era de forma circular con aproximadamente 1.2 m de diámetro y aproximadamente 20 cm de profundidad. Se encontraba muy afectada por la intervención para la construcción de la zanja para instalación de aguas que propició la actividad arqueológica. Se interpretó como un vertido de carácter doméstico, aunque asociada a la misma no aparecen ningún tipo de estructura (Villada Paredes, 2005: 7-11). Este panorama de fosas o silos con material de desecho doméstico está documentado en toda la península ibérica y el norte de África en el periodo emiral. En prácticamente ninguno de los casos aparecen estructuras asociadas a las mismas, lo que evoca un sistema constructivo y habitacional que al menos hasta el momento se escapa a la investigación.

La interpretación de la fosa como basurero doméstico se sustenta en los materiales del depósito que la rellena, fauna y cerámica; esta segunda se presenta a continuación. Con nuestro estudio buscamos completar lo ya expuesto en 2008 sobre este repertorio, comprobar la cronología aportada acorde a las investigaciones más recientes que han contribuido a un mayor número de tipologías conocidas, y proporcionar nuevas interpretaciones y datos al contar con un mayor número de bibliografía especializada.

LA CERÁMICA. ALCANCE
Y LIMITACIONES

La cerámica es uno de los elementos principales a la hora de enfocar el análisis arqueológico. Es el elemento más usado para el establecimiento de cronologías y dataciones relativas, aportando en muchas ocasiones una gran precisión gracias al enorme conocimiento sobre las tipologías cerámicas. Para otros periodos en los que las tipologías se conocen menos y en los que la cerámica común presenta formas que perduran durante varios siglos, establecer cronologías únicamente mediante tipologías presenta problemas evidentes. Además, debemos tener en cuenta dos factores: en primer lugar, el momento de deposición del objeto, puede indicar el momento de fin de su uso, pero no el de su factura; por otro lado, el contexto de aparición de la cerámica puede estar indicándonos su uso *in situ* (poco habitual) o su deposición en vertederos, que a su vez pueden ser primarios o secundarios (Jiménez Puertas, 2012: 295-297).

Así, debemos entender los estudios cerámicos en su totalidad, no analizando la cerámica como objetos aislados en un contexto, o separando repertorios de un mismo contexto o unidad estratigráfica por épocas. Solo entendiendo los contextos en su totalidad y atendiendo a sus características y relaciones estratigráficas, podremos realizar estudios de mayor alcance. Por otro lado, asumiendo el alcance limitado de los estudios tipológicos, debemos añadir metodologías complementarias como los estudios tecnológicos que pueden indicar tradiciones alfareras, un aspecto muy característico para diferenciar grupos de población con sustratos culturales diferentes. Debemos señalar que sería idóneo, aunque no siempre es posible, complementar esta aproximación con estudios arqueométricos que precisen los datos interpretados en el estudio macroscópico.

La cerámica puede informarnos no solo de las cronologías relativas de los contextos, sino también aportarnos datos muy relevantes sobre modos de producción, mantenimiento o cambio en tradiciones locales, gustos y modas en el consumo de alimentos, rutas e intercambios comerciales, etc. Tradicionalmente se han asociado las cerámicas de cocina realizadas a mano o torneta con producciones locales, de carácter doméstico. Sin embargo, conocemos una extensa dispersión de formas a mano y pastas groseras por el Mediterráneo central y occidental durante toda la Tardoantigüedad, denominadas Late Roman Cooking Wares -LRCW- (Hayes 1976, Fulford y Peacock 1984; Cau 2007 en Fantuzzi et al, 2021: 80-84). La introducción de nuevas tecnologías puede estar indicando la llegada de nuevas poblaciones con diferentes conocimientos tecnológicos o distintos modos de hacer. Las nuevas formas, pueden indicarnos también cambios en el gusto, indicando patrones de consumo diferentes y la adopción de nuevas modas y costumbres en el consumo (Carvajal, 2007: 242; Peacock, 1981: 188-190). La relación del ser humano con la cerámica, y en general la cultura material, es bidireccional, la cultura material nos habla de manera directa de cómo se relacionan las sociedades con su entorno y cómo lo perciben (Lemonnier, 2012 en Padilla Fernández, 2020: 231-235).

La cerámica emiral y paleoandalusí cuenta con luces y sombras en el mundo de la investigación. Si bien las últimas décadas han supuesto un avance exponencial en el conocimiento acerca de la misma, los vacíos de información en ciertos espacios geográficos concretos, como es el caso del suroeste, complejizan el poder tener una comprensión completa de los contextos cerámicos. Esto no es único para los siglos inmediatamente posteriores a la conquista, VIII y IX, también para el momento que precede este proceso, el siglo VII. En el caso ceutí, conocer la realidad material de estos siglos, no únicamente la cerámica, podría ayudar a discernir cuestiones básicas muy discutidas sobre la historia de la ciudad que ya mencionamos como el sustrato poblacional de la ciudad alto-medieval, la relación de *Sebta* con el resto de la *Ifriqiya* bizantina, las condiciones del pacto con Julián o las dinámicas poblacionales tras la llegada de los musulmanes

La cerámica emiral de Ceuta ha sido tratada en un trabajo reciente en el que se analizaban en común los repertorios emirales y califales de Ceuta (Hita et al., 2008.), así mismo, repertorios de lugares cercanos en el norte de África (Nakur o Melilla) (Acién Almansa et al., 1999; Suárez Padilla et al., 2011) también han sido publicados y un extenso volumen sobre las cerámicas altomedievales de Marruecos (Cressier y Fentress, 2011). No obstante, la cantidad de trabajos con la que contamos hasta la fecha es reducida en comparación a otros periodos, mostrando un registro material elusivo para el periodo emiral. En este trabajo, se han reestudiado las cerámicas de la Calle Fructuoso Miaja con el objetivo de poder aportar información complementaria que nos permita no solo conocer algo mejor este momento concreto de la ciudad, sino también situarlo en un espacio geográfico más amplio, en este caso el ámbito del Estrecho de Gibraltar y el sur peninsular. Con esta aproximación, buscamos enfrentar datos aislados, en ocasiones con paralelos y en otras con diferencias notables, que nos ayuden a entender la conquista islámica y la posterior islamización desde los datos individuales a los generales.

En este trabajo abordamos una metodología de análisis tecnológico macroscópico, elaborada a partir de los criterios establecidos por Orton y otros (1997). Así, elaboramos una tabla en la que se codifican los criterios principales a la hora de aproximarse al estudio de la pasta de la cerámica, su manufactura, funcionalidad y posible tipología. A partir de fotografías tomadas con una lupa electrónica realizamos la posterior clasificación atendiendo a las siguientes variables:

- Modelado: mano 1, torno 2, indefinido 3.

- Cocción: oxidante 1, reductora 2, alterna 3, sándwich 4.

- Fábrica: indeterminado 0, fina 1, media 2, gruesa 3.

- Textura: indeterminado 0, suave 1, arenosa 2, rugosa 3.

- Depurada: si 1, no 2.

- Frecuencia/densidad de inclusiones (rango de porcentajes): escaso 1, moderado 2, común 3, abundante 4.

- Uniformidad de tamaño: muy uniforme 1, medio 2, nada uniforme 3.

- Tamaño medio: <0.5mm 1, medio 2, >=0.5 3.

- Morfología de inclusiones: aristas 1, alargada 2, redondeada 3, variado 4.

- Tipo de inclusión: comentario en caso de que sea muy evidente.

Tomamos también en cuenta los denominados valores *EVE* (equivalente de vajilla estimado), que nos ayuda a conocer el porcentaje de la circunferencia del borde o de la base que disponemos, y el *EVREP* (estimación de vasijas representadas) que pretende aportar un número mínimo de individuos atendiendo a la diferenciación de los fragmentos suponiendo si pueden o no formar parte de la misma pieza en origen. Así mismo, añadimos al cálculo el denominado índice de completitud (*CI*), siendo este la relación entre *EVREP* y *EVE*, y que nos permite conocer, en caso de un número muy bajo, un grado de fragmentación del contexto muy elevado, y en caso de que sea muy alto, un grado de conservación bueno (Jiménez Puertas, 2012: 305-315). Toda esta información, incluida la descripción de las pastas y la clasificación tipológica, queda reflejada en una tabla de Excel que nos permite el análisis de los datos[1].

Combinando el análisis de estos factores podemos analizar diferentes cuestiones tales como la posibilidad de tradiciones alfareras comunes, mostrando pastas

---

1.   Pueden consultarse el punto 1 y 2 del anexo para tener las descripciones pormenorizadas y la tabla de codificación.

muy similares o incluso iguales en cuanto a su composición (receta alfarera). Por otro lado, esto nos puede indicar la existencia o no de talleres especializados y de diferentes modos de producción, normalmente asociados a la existencia de rutas comerciales, pero muy ligados a los procesos alfareros. Estudiar en conjunto la composición del grupo cerámico atendiendo a cronologías estimadas, rango de conservación de las vasijas y tipo de objetos, nos puede indicar a su vez la funcionalidad del contexto, y situarnos en un contexto primario (doméstico-comercial), o secundario (vertidos).

Para la clasificación tipológica tomaremos como referencia la clasificación realizada en *Saqunda* (Casal et al., 2006) por similitud en los elementos de análisis y al ser la utilizada en otros trabajos. Esto nos permite comparar los elementos de manera más sencilla. Añadiremos, o modificaremos, las subcategorías pertinentes para poder englobar la totalidad de nuestro estudio. Los grupos generales se establecen atendiendo a: cerámica de cocina (1), cerámica de mesa (2), cerámica de almacenamiento (3), cerámica de funcionalidad auxiliar o múltiple (4) y, finalmente, cerámica de iluminación (5).

Los criterios para la división tipológica se basarán en la morfología de las piezas, atendiendo principalmente al borde, teniendo en cuenta que es el elemento identificable más numeroso del conjunto. En cada uno de los grupos se especifican subgrupos atendiendo a morfología y funcionalidad[2]. Consideramos necesario señalar que, atendiendo al modo de producción propuesto para la cerámica emiral (tanto en la Península Ibérica como el Norte de África), talleres locales y producciones semi domésticas, existe cierta variabilidad dentro de cada grupo morfo-tipológico. Los talleres locales serán capaces de replicar la morfología general de los objetos, pero que evidentemente difieren en el resultado del modelado, visible en aspectos como el acabado del labio.

2.   En el anexo (punto *3.diagrama*) se puede observar el diagrama a partir del cual se codifican las tipologías.

LA CERÁMICA DE LA EXCAVACIÓN EN LA CALLE FRUCTUOSO MIAJA

El estudio general muestrea un total de 26 registros, entendiendo aquellos fragmentos que físicamente casaban con otros como un único registro. De todos ellos se ha realizado foto de su pasta, y de aquellos materiales diagnóstico (25), se ha realizado dibujo y fotografía. Los elementos presentan cierta coherencia cronológica entre sí, aunque aparece un fragmento vidriado, notificado en el artículo de 2008, sin embargo no presente en el contexto estudiado en 2021-22, con cronología posiblemente posterior; y varios fragmentos muy rodados de *terra sigilata*, indicando esta característica tafonómica su carácter residual. Todas estas discordancias pueden explicarse por la naturaleza del vertedero. Entender si el depósito es primario o no, determina la cronología con la que interpretaremos el conjunto y las inferencias que podamos obtener del mismo (Jiménez Puertas, 2012: 294).

A continuación, realizaremos el estudio pormenorizado de cada uno de los grupos, a nivel tecnológico y tipológico y posteriormente se realizará la discusión general del conjunto completo.

Grupo 1: Cocina (figura 5)

Presentamos en este grupo todos los elementos asociados a cocina. Incluimos ollas y marmitas, utilizadas para la elaboración de guisos y cocidos, alimentos con elaboraciones más o menos lentas y con alto contenido en líquido, el diámetro de la boca es menor al diámetro mayor de la pieza y el cuerpo suele ser de tendencia globular. La diferencia entre ollas y marmitas depende de criterios principalmente tipológicos; las marmitas suelen tener mayor volumen y paredes con tendencia más recta, mientras que las ollas de este periodo presentan perfiles curvos, comúnmente en forma de S inversa. Por su parte, las cazuelas son recipientes de boca amplia, con paredes rectas o curvas no muy altas y bases variadas, planas, ligeramente convexas, etc. Presentan frecuentemente asideros, mamelones o cualquier otro elemento de suspensión. Son usadas culinariamente para alimentos que precisan menos tiempo de cocinado y menor cantidad de líquido (Fernández Navarro, 2008: 78-87). Aunque no presentes en este conjunto, se consideran elementos de cocina también los platos de pan (*tabaq*) y los anafes (fogones portátiles) y *tannures* (hornillos efímeros).

Generalmente, el grupo presenta una alta homogeneidad tecnológica. Solo uno de los 8 registros está realizada a torno, la olla *FM-05-UE015-3-25*. El resto, están realizadas a mano, observándose evidencias del proceso de manufactura (marcas de dedos en la masa sin eliminar del resultado final). Las pastas son groseras, sin apenas decantar y con inclusiones de tamaño grande y muy abundantes. Se observan inclusiones redondeadas y de apariencia cristalina. Las diferencias en los colores de las pastas, que oscilan entre el rojo, el marrón y el negro se deben a la cocción alterna o irregular en el horno, además de marcadas evidencias de haber estado expuestas al fuego, resultante en pastas muy negras por el hollín. Este tipo de cerámica de cocina se mantendrán en Ceuta hasta momentos muy avanzados, mientras que en la península parecen desaparecer a partir del siglo X. Observamos homogeneidad en la receta y elaboración de las pastas, resultando prácticamente idénticas las pastas de las ollas *FM-05-UE015-2-24* y *FM-05-UE015-1-23*, ambas a mano. También la pasta de las cazuelas *FM-05-UE015-14* y *FM-05-UE015-15* y de la marmita *FM-05-UE015-15-16* presentan la misma composición.

Ollas

Identificamos dos tipos de ollas, aunque muy similares entre sí a grandes rasgos. Las 3 presentan un perfil en S inversa (Fig. 5), algo muy común en yacimientos con cronologías análogas de la península ibérica, Madrid (Vigil-Escalera Guirado, 2006: 705-716), Mérida (Feijoo Martínez y Alba Calzado, 2004: 483-504) en cronologías tardoantiguas o visigodas y observándose el cambio tecnológico en el paso al periodo emiral, o a torno en Córdoba (Casal et al., 2006: 189-235) o Sevilla (Mateos Orozco, 2021: 13-24) entre otros. Son muy comunes desde época tardoantigua, aparecen de forma abundante en época emiral, y se mantendrán hasta el siglo X. La olla *FM-05/UE015-1/23* (Fig. 5), realizada a mano, pertenece a nuestra tipología 1.1.1.1, olla de borde exvasado y labio redondeado. Los registros *FM-05/UE015-2/24* y *FM-05/UE015-3/25* (Fig. 5), englobados en la tipología 1.1.1.3., borde exvasado con labio biselado, son muy similares a las producciones emirales de *Saqunda*, Córdoba (Casal et al., 2006: 209-218), y a las ollas a torno identificadas en Melilla (Suárez Padilla et al., 2011: 67-68).

Marmita

La marmita *FM-05/UE015-15-16* (Fig. 5), tipo 1.2.2.ab, a mano con cuerpo de tendencia globular y mamelón aplicado, presenta un parecido muy claro con las marmitas a mano identificadas en Melilla (Suárez Padilla et al., 2011: 63-83) y en Nakur (Acién Almansa et al., 1999: 65-66). Al igual que estas, muestra similitudes con las marmitas del levante peninsular y con elementos tardoantiguos presentes en el norte de África y la península ibérica desde el siglo V (Fantuzzi et al, 2021: 80-84). Aun así, la observación macroscópica de las pastas de estos elementos, al menos la tardoantiguas del Bajo Guadalquivir y las de Ceuta, indican tradiciones tecnológicas muy distintas, presentando las del Bajo Guadalquivir mayor homogeneidad y cocciones mucho más regulares, algo que consideramos de interés para tratar en estudios posteriores.

Cazuelas

Pese a que las consideramos cazuelas, en este caso por el diámetro del borde y el desarrollo lógico de la curvatura de la pared, las piezas *FM-05/UE015-13* y *FM-05/UE015-14* (Fig. 5), tipo 1.3.2.ac, con cordones digitados, son muy similares a marmitas identificadas en Melilla y Nakur (Suárez Padilla et al., 2011: 63-83; Acién Almansa et al., 1999: 45-69), por lo que no descartamos que puedan ser, aunque con paredes algo más bajas en lugar de cazuelas. Además, como hemos mencionado, presentan la misma composición de pastas que la marmita *FM-05/UE015-15-16*. Prácticamente completa en su desarrollo tenemos la cazuela *FM-05/UE015-15* (Fig. 5), tipo 1.3.2.ab, con claros paralelos en Volubilis (Amoros Ruiz, 2020: fig 5.6).

La cazuela *FM-05/UE015-8* (Fig. 5), tipo 1.3.1, cuenta con unas paredes más bajas que el resto, podría tratarse de un *tabaq,* aunque no prescindimos de ninguna de las dos opciones ya que puede ser plurifuncional. Ambas presentan paralelos con las piezas de los lugares mencionados previamente.

Grupo 2: Mesa (figura 6)

Jarras/jarritas y jarros/jarritos

Los jarros y las jarras se diferencian debido a su funcionalidad, aunque como veremos en el momento emiral la funcionalidad "específica" de estos, en estos momentos, es cuestionable. El jarro sirve principalmente para escanciar líquidos, por ello suelen contar con una sola asa y comúnmente la boca puede ser trilobulada. La jarra puede tener un asa, dos o ninguna. Sirven para el almacenamiento de líquidos, para su consumo y para su transporte (debido a que son fáciles de mover). Cuando son las específicas de boca ancha (de las que se presupone se bebe directamente) se denominan jarritas (Casal et al., 2006: 197). No obstante, sobre estas últimas especialmente y sobre las jarras en general, se han propuesto en estudios recientes interpretaciones que permiten hablar de una clara plurifuncionalidad en ellas, documentándose cómo fueron usadas, entre otras cosas, para la fermentación y almacenaje de productos lácteos (Lundy et al., 2021), almacenamiento de productos secos, etc.

A nivel tecnológico, todo el grupo está realizado a torno, aunque se observa que ninguna de las piezas es exactamente igual a otra. Esto se debe a que la fabricación de estas se realice en diferentes talleres locales. Cada proceso alfarero resulta en una enorme diversidad del conjunto, visible, por ejemplo, en la forma del labio o el acabado final de la pasta. Aunque se pueden establecer grandes grupos tipológicos, somos conscientes de que en cada grupo existirá variabilidad interna. En cuanto a las pastas, observamos también gran variabilidad, no solo en el color de las pastas, sino también en la frecuencia y morfología de las inclusiones. Esto nos indica lugares diferentes para la extracción de las arcillas y por supuesto, recetas en la fabricación de la masa propias de cada taller. Las pastas, por lo general, son más porosas para garantizar la correcta conservación de los líquidos que suelen almacenar.

El elemento más abundante del conjunto son las jarritas de boca ancha y cuerpo globular. Aparecen desde mediados del siglo VIII y que perdurarán hasta al menos finales del siglo XI. Así, en las jarritas que componen este conjunto, encontramos un ejemplar claro del tipo 2.1.1.1. (Fig. 6), jarritas de boca ancha con borde recto y redondeado, *FM-05/UE015-20*. Presumimos que los registros *FM-05/UE015-21/4*, *FM-05/UE015-21/3* y *FM-05/UE015-21/2* presentan una tipología similar, aunque no conserven el borde, atendiendo a elementos conocidos mejor conservados en Melilla (Suárez Padilla et al., 2011: Fig. 13.51) o *Saqunda* (Casal et al., 2006: Jarras 2.1.1.1 Fig. 6). También sin el borde completo, pero suponemos de borde entrante, encontramos la pieza *FM-05/UE015-21/1* (Fig. 6), tipo 2.1.1.1.ca, su forma más similar la encontramos en Melilla (Suárez Padilla et al.: 77, 2011: Fig. 13.52). En Medina Zahara aparecen jarritas con la carena muy marcada, en cronologías califales (Vallejo Triano y Escudero Aranda, 1998: 155, fig. 11). Las carenas son un elemento mucho más común a partir del periodo califal omeya, aunque aparecen como decoración de jarros en contextos emirales como *Saqunda* (Casal et al., 2006: 220, fig. 6.80). Por su parte, la jarra *FM-05/ UE015-21/6* (Fig. 6), tipo 2.1.1.1.cc, presenta similitudes con los jarros carenados típicos del suroeste andalusí, la forma 2 de la clasificación de Retuerce y Zozaya (1987 en Aguilar Moya et al., 1998: 164-165) y que se han podido documentar en Niebla (Olmo Enciso, 1987: 137-138, Fig. 2.e) o Jerez de la Frontera (Aguilar Moya at al., 1998: 164-169, Fig. 1) entre otros. La cronología establecida para estos elementos es de finales del siglo X. Por su parte la jarrita *FM-05/UE015-20'*, tipo 2.1.1.2, borde recto y engrosado al interior, encuentra paralelos entre las jarritas identificadas de nuevo en Melilla (Suárez Padilla et al., 2011: Fig. 13.51).

La jarra *FM-05/UE015-18* (Fig. 6), tipo 2.1.2.1., de borde exvasado redondeado y presumimos cuello de longitud media, aunque no conserva el desarrollo, presenta similitudes del perfil con jarros encontrados en *Saqunda* (Córdoba), tipología 2.1.2.2.a (Casal et al., 2006: 221), suelen contar con pico vertedor en el extremo opuesto al asa. Al no contar con mayor desarrollo de la pieza no podemos establecer un paralelo claro, al no saber si cuenta con el resto de las características. En Algeciras encontramos este tipo de borde y asa, aunque igualmente fragmentado (Suárez Padilla et al., 2005: 50, fig. 5.13-14).

No aparecen en el conjunto otros elementos normalmente presentes en la cerámica, sobre todo a partir de mediados del siglo IV como son por ejemplo los cuencos.

Grupo 3: Almacenaje (figura 7)

La cerámica de almacenamiento, en especial las tinajas, son uno de los elementos más estáticos en el repertorio doméstico. Debido a que apenas se mueven por su funcionalidad, perduran mucho más que el resto de los elementos. Esto explica a su vez dos cuestiones: en primer lugar, que puedan presentar cronologías discordantes con respecto al resto de conjunto debido a que duran más que, por ejemplo, ollas y jarros, y segundo que, por tanto, aparezcan en contextos de desechos en mucha menor medida que los anteriores (Jiménez Puertas, 2012: 298). Creemos por paralelos tipológicos que todos los registros documentados pertenecen a tinajas de morfologías diversas y una única orza.

A excepción de la orza *FM-05/UE015-2/27*, el resto de los elementos, todos ellos tinajas, están realizados a mano. Es la tecnología generalizada para la fabricación de estos elementos que por su gran volumen se realizan a mano. Las pastas difieren mucho entre sí, presentando de nuevo un panorama en el que parece indicarse la presencia de varios artesanos en el entorno.

Las tinajas que aparecen en nuestro contexto presentan grandes similitudes con las tinajas documentadas en *Saqunda* (Casal et al., 2006: 225, Fig. 14) y Melilla (Suárez Padilla et al., 2011: 82, fig. 18.78-77); son tinajas de cuerpo semiesférico o globular (no presentan el desarrollo completo de la pared y no conservan el borde) y con decoración aplicada en cordones, tipo 3.1.2.ac. o 3.1.1.ac., son las piezas *FM-05/UE015-11/12* y *FM-05/UE015-01* (Fig. 7). Mientras la primera parece disponer el cordón de manera horizontal, teniendo quizá cierta utilidad sustentante, la segunda parece responder a cuestiones meramente decorativas, los cordones se disponen creando guirnaldas y además el aplique al cuerpo no es especialmente fuerte, habiéndose desprendido parte del mismo. Sí conserva el borde el ejemplar, *FM-05/UE015-10* (Fig. 7), presumimos de tipo 3.1.1.1., cuerpo globular y borde exvasado y engrosado, con paralelos en los mismos lugares citados previamente.

Finalmente, la orza *FM-05/UE015-2/27* (Fig. 7) puede encuadrarse en el tipo 3.2.1., orza de morfología simple y común en el periodo emiral realizada a torno. Nuevamente encontramos sus paralelos más similares en *Saqunda* (Casal et al., 2006: 225, Fig. 16).

Grupo 5: Iluminación (figura 6)

De este grupo solo nos encontramos en la revisión actual un candil, *FM-05-UE015-CANDIL*. Es un candil simple, del tipo 5.1.1.2, con chimenea y de piquera larga. Son comunes en época emiral y posteriormente; es una tipología común que aparece de manera extendida en todos los yacimientos con cronologías análogas. La pasta parece similar a la documentada en el resto de cerámica a mano, algo más trabajada y con cocción oxidante.

DISCUSIÓN

Nos encontramos con un primer grupo de cerámicas realizadas a mano, con apariencia tosca y de factura simple (Fig. 5). Se pueden relacionar a grupos de cerámicas de origen bereber, muy similares a contextos análogos identificados en el entorno como Malila (Melilla) o Nakur. Se han confundido, y/o generalizado, con producciones tardorromanas a mano y de origen centro-mediterráneo. Sin embargo, sus pastas cuentan con una composición volcánica muy característica, propia del Mediterráneo central (Fantuzzi et al, 2021: 80-84), las cuales se distribuyen de manera muy amplia por todo el Mediterráneo desde el siglo V en adelante, hasta al menos el siglo VII (Macías Solé y Cau Ontiveros, 2012: 516). Por otro lado, se ha propuesto que estas producciones pudieran haber estado en movimiento por todo el Mediterráneo durante también la Alta Edad Media, debido a las similitudes con las producciones levantinas y de la costa oriental andaluza y por los hallazgos subacuáticos de Santi Petri (Chiclana, Cádiz), algo que podría confirmar la circulación de estos materiales en el Estrecho (Cavilla, 2014 en Gómez Martínez, 2019: 17-19). En nuestro caso, sin contar con análisis arqueométricos y por la aparente composición de las pastas muy similar entre sí, tendemos a opinar que responden a una producción local doméstica, y no a lo expuesto. Por otro lado, consideramos y entendemos estas formas comunes como morfologías domésticas básicas y con un elevado grado de pragmatismo, ya que aparecen en repetidas ocasiones en sistemas de producción doméstica en momentos históricos muy diferentes y sin conexión alguna. Mostrándonos que pueden ser una solución común sin necesidad de establecer paralelos geográficos o temporales.

La resistencia de la tradición local en la cerámica de cocina y su pervivencia a pesar de la entrada de nuevos grupos formales ya "islamizados", como son los jarros y jarritas, vinculados al servicio de mesa, y a una nueva concepción en el consumo, nos indica el mantenimiento de tradiciones tanto alfareras como culinarias, y de pautas culturales locales vinculadas con el consumo y preparado de los alimentos. Al mismo tiempo, la adopción de las nuevas formas para el servicio de mesa y la rápida asimilación de estos nuevos tipos, nos indica una presente islamización de los contextos cerámicos desde los primeros momentos, aunque no sea visible en todos los elementos (Carvajal López, 2019: 336-337)

Observamos mucha más homogeneidad en la composición de las pastas de la cerámica de cocina, casi en su práctica totalidad a mano, que en el resto de los registros. La codificación en la receta de la pasta nos presenta resultados idénticos para al menos el 75% de las producciones realizadas a de la cerámica de cocina, todas ellas a mano. Estas similitudes en la receta de la pasta, nos señala un mismo proceso productivo, posiblemente incluso un mismo lugar de extracción de arcillas, y un método muy cuidado en la manufactura, ya que pese a sus pastas poco decantadas y en apariencia poco cuidadas, estos objetos se realizan de manera concienzuda, garantizando su resistencia al constante choque térmico (Skibo, 2013: 39-41). Como hemos mencionado previamente, el resto de los grupos presenta una realidad contraria que nos estaría hablando de la presencia de diferentes talleres alfareros, así como mercados donde adquirir estos productos.

En cuanto a la cronología del conjunto, a excepción de dos elementos con cronología califal (siglo X), que consideramos que puedan ser resultado de las afecciones superiores, el resto del conjunto respondería a momentos emirales. Solo tenemos constancia de un posible vidriado, mencionado en el artículo (Hita et al, 2008: 26). La ausencia casi total de vidriados podría situarnos en una cronología anterior a mediados del siglo IX, lo que coincidiría con la escasa estandarización de los jarros y jarritas y la enorme presencia de cerámica de tradición beréber. La única olla que no responde a tradición beréber podría adscribirse a las ollas de raigambre tardorromana. Por otro lado, no observamos decoración pintada en ninguno de los jarros/jarritas, algo que llama la atención debido a que es algo muy común en este tipo de cerámica. El contexto es muy similar a los contextos identificados en otras ciudades de origen beréber con fundaciones históricas mencionadas por las fuentes árabes en el siglo IX: Al-Basra, Melilla o Nakur.

Tal y como hemos mencionado y como se presenta en el trabajo previo, se trata de una posible fosa de desecho. Mediante el cálculo entre número estimado de vasijas (EVREP) y el rango de conservación del borde de cada una de estas (EVE), podemos hacer una estimación del porcentaje de vasijas conservadas (CI). En este caso el CI es de un 6,2%, siendo un rango de un valor muy bajo. El número tan reducido de piezas en este trabajo nos impide poder realizar ninguna hipótesis clara sobre ello.

Estimación de vasijas representadas (EVREP)	*Equivalente de vasijas estimado (EVE) (%)*	*Índice de completitud (CI) (%)*
25	1,57	6,28

Figura 2: Cálculo del EVREP, EVE y CI

Las producciones a mano y a torno se presentan en números muy parecidos, encontrándonos el 60% a torno y el 40% a mano. El modelado a mano se presenta en la cerámica de cocina y de almacenaje en un 87,5% y un 75%, respectivamente. La cerámica de mesa está realizada en su totalidad a torno.

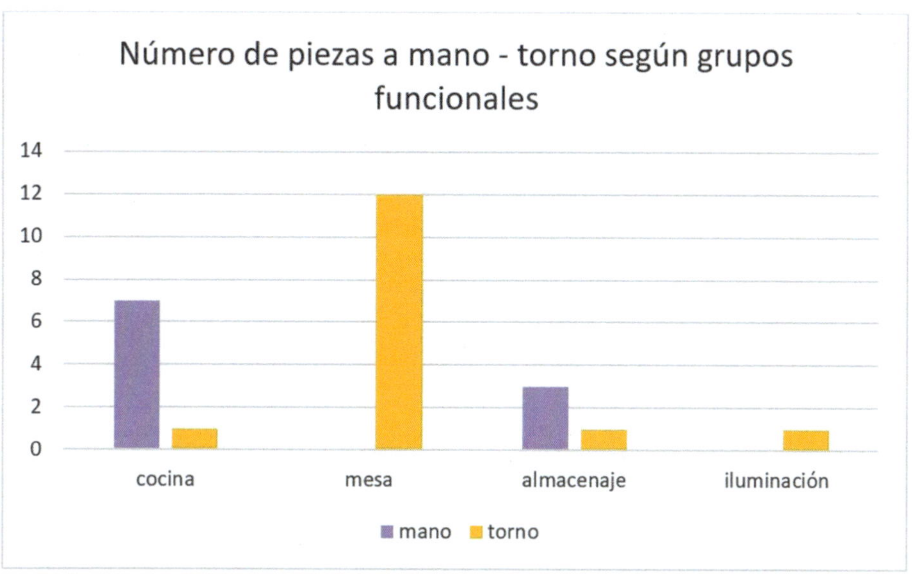

Figura 3: Comparación de la cerámica realizada a torno o mano por grupos funcionales. (En el eje izquierdo nº de fragmentos)

Vemos que los elementos más representados en este conjunto son los jarros y jarras, suponiendo el 48% del total, seguidos de cazuelas y ollas. Representan números comunes para contextos del periodo emiral, donde abunda la cerámica de cocina debido a su uso constante y por tanto rotura fácil y los jarros, muy utilizados en las actividades cotidianas (Jiménez Puertas, 2012: 318) y además con una marcada plurifuncionalidad, de manera que suplen a otros objetos. De la misma forma, tinajas y elementos de almacenaje o iluminación presentan usos más prolongados, explicando su escaso número en un contexto de estas características (de desecho) (*ibídem*).

Tipo	N	%
mesa	12	48
cocina	8	32
almacenaje	4	16
iluminación	·1	4
Total general	25	100

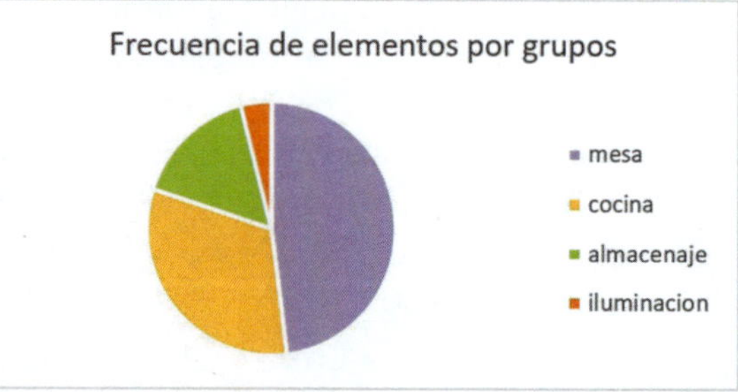

Figura 4: Tabla y gráfico de la comparación de número de elementos por grupos funcionales

CONCLUSIONES

Pese al interés que presenta el conjunto, debido a ser uno de los contextos islámicos más antiguos para la ciudad de Ceuta –publicado al menos– la naturaleza del yacimiento y los diferentes procesos postdeposcionales han ocasionado una muy elevada fragmentación del conjunto. El escaso número de fragmentos sumado a la poca capacidad diagnostica de muchos de ellos por su grado de conservación, nos dificulta e incluso impide precisar una cronología para el conjunto más allá de poder enmarcarlo en el periodo emiral.

No obstante, sí que podemos señalar ciertos aspectos de manera preliminar y basándonos únicamente en nuestro conjunto cerámico, a modo de hipótesis a contrastar en el futuro cuando dispongamos de un mayor número de registros.

Por un lado, observamos que el repertorio cerámico es limitado, centrándose en producciones concretas que tendrán diversas funcionalidades. La cerámica de cocina responde y mantiene tradiciones bereberes del norte de África, mostrando quizá una mayor reticencia al cambio que el resto de los elementos sometidos posiblemente a presiones comerciales. Esto se explica también con la enorme similitud entre las pastas de la cerámica de cocina, que nos indica un posible origen autóctono de las producciones, uso de los mismos lugares de aprovisionamiento (tal vez cercanos) y sobre todo ello, mismas decisiones alfareras, es decir, una misma tradición alfarera. La cerámica de cocina se realiza de esta forma de manera consciente y con motivos concretos explicados por su funcionalidad. Respondería al sistema de producción doméstica establecido por Peacock (1981: 188-190) y que supone producciones realizadas en el núcleo familiar y que no están expuestas a redes comerciales en principio. Esto es, no obstante, matizable; tal y como señaló Balfet en sus estudios sobre la cerámica del Norte de África (1981: 257-267), donde observó cómo estas producciones domésticas se comercializaban en mercados a pequeña escala, locales o regionales. Sería un sistema similar al denominado industria doméstica por Peacock, en el que la producción cerámica se compagina con otras actividades estacionales (agricultura, por ejemplo). Consideramos que este sistema puede aplicarse a época emiral junto al que describimos a continuación.

Por otro lado, la cerámica de mesa muestra una enorme variabilidad en sus pastas y en su morfología. Pese a presentar características comunes en la tipología, jarros de boca ancha, cuello cilíndrico y cuerpo globular muestran diferencias sutiles pero evidentes en sus acabados, resultado de un proceso de manufactura realizado en diferentes talleres. Podríamos englobar este sistema o bien en la previamente mencionada industria doméstica, o bien en la industria de talleres. Nos inclinamos más hacia el segundo, ya que supone la existencia de una infraestructura mínima y de especialización en el trabajo alfarero, así como la necesidad de un taller estable y dedicación como actividad única. Probablemente produzcan un rango más amplio de cerámica (cocina, mesa, etc.), y su dispersión está condicionada por la disposición natural en el territorio de materias primas accesibles y de buena calidad (Peacock, 1981: 188-190).

La combinación de estos modos productivos se completaría con un sistema de mercados locales-regionales de carácter móvil y a los que diferentes poblaciones estarían acudiendo tanto a consumir los productos como a venderlos. Esto explica la variedad de pastas, al ser objetos que pueden venir de diferentes entornos productivos relativamente cercanos (Fenwick, 2020: 105-128).

El contexto de desechos o vertidos puede explicarse en diferentes sentidos. Si la ciudad. tal y como se ha planteado, parece no contar con ocupación en este lugar para el momento emiral, sería posible que la fosa no respondiera únicamente a vertidos domésticos y que en este espacio se realizaran actividades generales de vertido de deshechos en áreas alejadas al núcleo urbano. La ocupación más intensa de la ciudad se constata en el área de istmo, habiéndose documentado ocupación continuada en intervenciones como en la Plaza de la Virgen de África (Bernal Casasola et al., 2014).

Finalmente, en cuanto a aspectos cronológicos, coincidimos con la fecha aportada por sus investigadores en un primer momento, es decir entre los siglos IX y X (Hita et al, 2008), aunque nos decantamos por una mayor posibilidad del siglo IX por la escasa estandarización de las formas y pastas y por considerarse un conjunto cerámica completamente islámico. Es necesario contar con más contextos de estas cronologías en el Norte de África que permitan precisar las cronologías propuestas para la fundación de las ciudades, ya que cerámica y fuentes escritas parecen retroalimentarse una a la otra en dicha cuestión, sin llegar, al menos hasta el momento, a una conclusión clara. Investigaciones en lugares como *Volubilis*, donde se ha podido excavar de manera extensiva con metodologías actuales, ha permitido documentar las diferentes fases de ocupación continuada de la ciudad desde la tardoantigüedad a la conformación de una ciudad bereber islámica desde principios del siglo VIII, mostrando una imagen mucho más completa a la expuesta por las fuentes (Fentress et al., 2020: 209-235). Esta realidad podría ser extensible a otras ciudades del norte de África, como Ceuta, en un momento en el que dispusiésemos de una mayor cantidad de datos. De manera que, de momento, no podemos precisar si la ciudad se mantuvo o no ocupada desde la huida de los sirios a al-Andalus a mediados del siglo VIII hasta la refundación de la ciudad a principios del siglo IX, aunque como ya mencionamos, parece imposible imaginar el completo abandono de una ciudad de tales características.

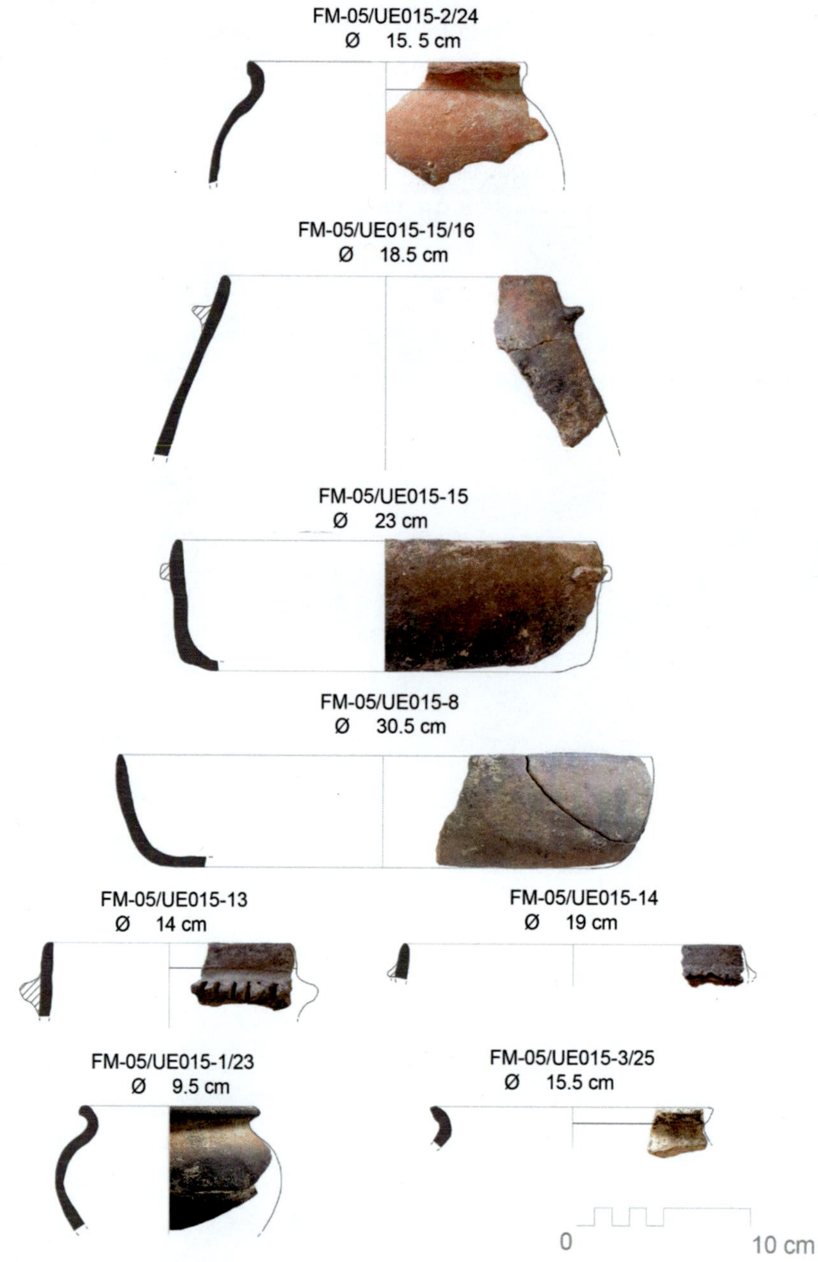

Figura 5: Cerámica de Cocina

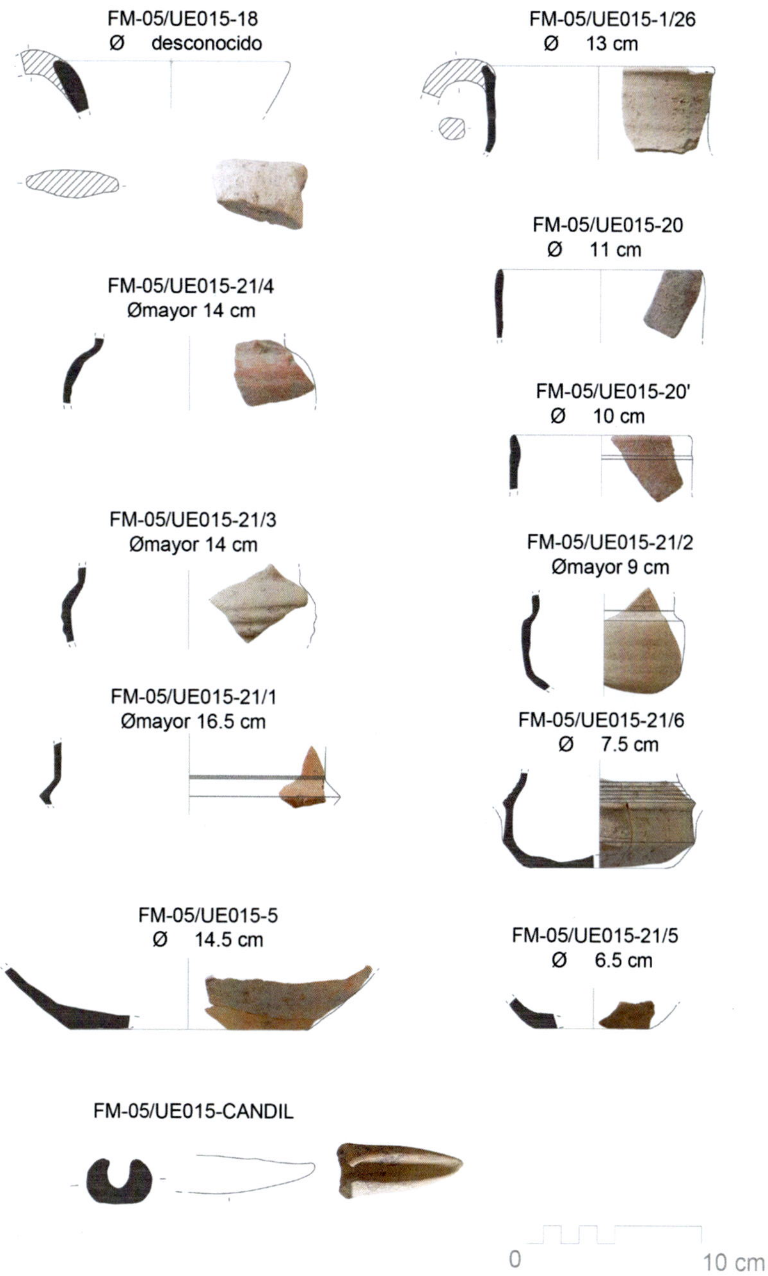

Figura 6: Cerámica de mesa e iluminación

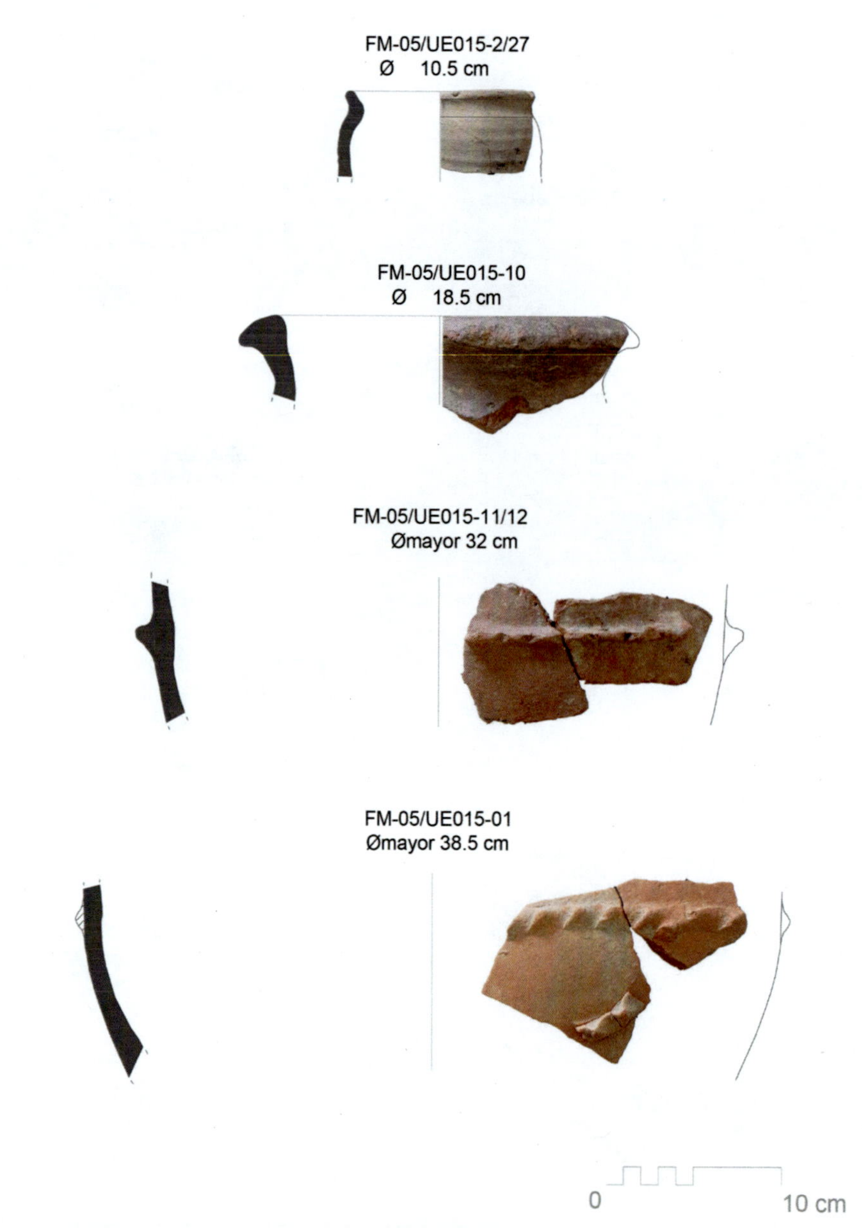

Figura 7: Cerámica de almacenamiento

BIBLIOGRAFÍA

Acién Almansa, M.; Cressier, P.; Erbati, L.; Picon, M. 1999. "La cerámica a mano de Nakur (ss. IX-X) producción beréber medieval". *Arqueología y territorio medieval*, 6, pp. 45-69.

Aguilar Moya, L.; González Rodríguez, R. y Barrionuevo Contreras, F. J. 1998. "El asentamiento islámico prealmohade de Jerez de la Frontera (Cádiz)". *SPAL: Revista de prehistoria y arqueología de la Universidad de Sevilla*, pp. 163-176.

Amorós Ruiz, V. 2020. "Entre ollas y marmitas: Una reflexión sobre la producción cerámica entre los siglos VII y IX en el sureste de la península Ibérica". *Arqueología y territorio medieval,* 27, pp. 11-36.

Balfet, H. 1981. "Production and Distribution of Pottery in the Maghreb". En Howard, H. y Morris, E. L. (coord.). *Production and Distribution: A Ceramic Viewpoint*. Bar International Series 120, pp. 257-269.

Bernal Casasola, D. 2018. "Continuidad y cesura en las ciudades tardorromanas del estrecho de Gibraltar. El fretum Gaditanum, un ámbito hispano-africano singular". En Panzram, S. y Callegarin, L. (coord.) *Entre civitas y madīna: El mundo de las ciudades en la Península Ibérica y en el norte de África (siglos IV-IX)*, Caza de Velázquez, pp. 105-118.

Bernal Casasola, D.; Bustamante Álvarez, M.; Sáez Romero, A. M. 2014. "Contextos cerámicos tardorromanos de un ambiente haliéutico de la ciudad de Septem (Mauretania Tingitana)". En Poulou-Papadimitriou, N.; Nodarou, E. y Kilikoglou, V. (eds.) *Late Roman coarse wares, cooking wares and amphorae in the Mediterranean. A market without frontiers,* Bar International Series 2616, pp. 819-832.

Carvajal López, J. C. 2007. El *poblamiento altomedieval en la Vega de Granada a través de su cerámica*. Tesis Doctoral inédita, Universidad de Granada.

Carvajal López, J. C. 2019. "After the conquest: ceramics and migrations". *Journal of Medieval Iberian Studies,* 11:3, pp. 323-341,

Casal, M. T., Castro, E., López, R., & Salinas, E. 2006. "Aproximación al estudio de la cerámica emiral del arrabal de Saqunda (Qurtuba, Córdoba)". *Arqueología Y Territorio Medieval,* 12(2), 189–235.

Cressier, P. y Fentress, E. (coord.). 2011. Céramique maghrébine du haut Moyen Âge (VIII-X siècle): état des recherches, problemes et perspectives. - Collection de l'École française de Rome.

Fantuzzi, L.; Bernal Casasola, D.; Cau Ontiveros, M. Á.; Díaz Rodríguez, J. J.; Expósito, J. Á. 2021. "Importaciones de cerámicas de cocina modeladas a mano/ torneta de ámbito mediterráneo en la Baelo Claudia tardorromana". *Ex Officina Hispana. Boletín,* 2021, vol. 12, pp. 80-84.

Feijoo Martínez, S. y Alba Calzado, M. A. 2004. "Pautas evolutivas de la cerámica común de Mérida en épocas visigoda y emiral". En Caballero Zoreda, L. Mateos Cruz, P. y Retuerce Velasco, M. (coords.) *Cerámicas tardorromanas y altomedievales en la Península Ibérica. Ruptura y continuidad: II Simposio de Arqueología. Mérida 2001,* pp. 483-504.

Fernández Navarro, E. 2008. *Tradición tecnológica de la cerámica de cocina almohade-nazarí. Arqueología y cerámica,* Granada.

Fenwick, C. 2020. *Early Islamic North Africa,* Debates in archaeology, Bloomsbury.

Fentress, E.; Fenwick, C.; Limane, H. 2020. "Early Medieval Volubilis. The Archaeology of a Berber Town". *Hespéris-Tamuda LVI* (2), pp. 209-235.

Gómez Martínez, S. 2019. "Antecedentes en las relaciones entre Ceuta y el Occidente de la Península Ibérica: la evidencia material (siglos VIII al XIII)". En *Los orígenes de la expasión europea. Ceuta 1415.* Ceuta: Instituto de Estudio Ceutíes, pp. 17-30

Gozalbes Busto, G. 1989. "Dos siglos olvidados en la historia de Ceuta". *Cuadernos del Archivo Municipal de Ceuta* 4, pp. 21-36.

Hita Ruiz, J. M.; Suárez Padilla, J. y Villada Paredes, F. 2008. "Ceuta, puerta de al-Andalus, una relectura de la historia de Ceuta desde la conquista árabe hasta la fitna a partir de los datos arqueológicos". *Cuadernos de Madinat al-Zahra: Revista de difusión científica del Conjunto Arqueológico Madinat al-Zahra,* (6), 11-52.

Jiménez Puertas, M. 2012. "El análisis cuantitativo de la cerámica medieval y los procesos de formación del registro arqueológico: estudio de un caso procedente del yacimiento de Madinat Ilbira". *Debates de Arqueología Medieval n° 2, Debates*, pp. 293-329.

Lundy, J.; Drieu, L.; Meo, A.; Sacco, V.; Arcifa, L.; Pezzini, E. et al. 2021. "New insights into early medieval Islamic cuisine: Organic residue analysis of pottery from rural and urban Sicily". *PLoS ONE 16*(6): e0252225.

Macias Solé, J. M.; & Cau Ontiveros, M. Á. 2012. "Las cerámicas comunes del nordeste peninsular y las Baleares (siglos V-VIII): balance y perspectivas de la investigación". En Bernal Casasola, D. y Ribera i Lacomba, A. (coord.) *Cerámicas hispanorromanas II: producciones regionales*, Servicio de Publicaciones Universidad de Cádiz, pp. 511-542.

Mateos Orozco, A. 2021. "Una primera aproximación a los niveles paleoandalusíes y emirales de la Plaza de la Encarnación (Sevilla)". En *Actas del VI Congreso de Arqueología Medieval (España y Portugal)*, pp. 13-24.

Olmo Enciso, L. 1987. "Cerámica común de época hispanomusulmana en Niebla". En Zozaya Stabel-Hansen, J. (coord.) *II Coloquio de Cerámica Medieval del Mediterráneo Occidental 1981*, Toledo, pp. 135-139.

Padilla Fernández, J. J. 2020. "Etnoarqueología de la modernidad. El fin de la producción cerámica preindustrial en Bailén (Jaén)". *Cuadernos de Prehistoria y Arqueología de la Universidad de Granada,* Vol. 30 (2020), Monográfico, pp. 221-255.

Peacock, D.P.S. 1981. "Archaeology, ethnology and ceramic production". En Howard, H. y Morris, E. L. (coord.) *Production and Distribution: A Ceramic Viewpoint*. Bar International Series 120, pp. 187-194.

Pérez Rivera, J.M. y Bernal Casasola, D. 1995. "Reflexiones sobre la ocupación romana y tardoantigua de Septem. Las intervenciones arqueológicas en el Paseo de las Palmeras (Ceuta)". *Cuadernos de Prehistoria y Arqueología UAM* 22, pp. 181-198.

Roselló Bordoy, G. 1991. *El nombre de las cosas en Al-Andalus, una propuesta de terminología cerámica*. Museo de Mallorca, Palma de Mallorca.

Orton, C.; Vince, A.; Tyers, P. 1997. *La cerámica en Arqueología*. Editorial Crítica, Barcelona.

Skibo, J. M. 2013. *Understanding Pottery Function*, Manuals in Archaeological Method, Theory and Technique (MATT), Springer.

Suárez Padilla, J.; Salado Escaño, J. B.; Navarro Luengo, I. 2011. "La cerámica islámica altomedieval de Melilla: las cerámicas de los silos de Cerro del Cubo y

Parque Lobera". En Cressier, P. y Fentress, E. (coord.) *Céramique maghrébine du haut Moyen Âge (VIII-X siècle): état des recherches, problemes et perspectives.* - Collection de l'École française de Rome, pp. 63-85.

Suárez Padilla, J.; Tomassetti Guerra, J. M.; Jiménez-Camino Álvarez, R. 2006. "Algeciras altomedieval. Secuencia arqueológica al norte del río de la Mieldel siglo IX al siglo X". *Almoraima: revista de estudios campogibraltareños*, nº 33, (Ejemplar dedicado a: I Jornadas de Arqueología del Campo de Gibraltar. Protección del patrimonio. Tarifa, 23, 24 y 25 de abril de 2004), pp. 359-390.

Vallejo Triano, A. y Escudero Aranda, J. 1998. "Aportaciones para una tipología de la cerámica común califal de Madinat al-Zahra". *Arqueología Y Territorio Medieval*, 6, pp. 133–176.

Vigil-Escalera Guirado, A. 2006. "La cerámica del periodo visigodo en Madrid". *Zona arqueológica*, nº. 8, 3, (Ejemplar dedicado a: La investigación arqueológica de la época visigoda en la Comunidad de Madrid), pp. 705-716.

Villada Paredes, F. 2005. *Excavación arqueológica en la Calle Fructuoso Miaja.* Informe Preliminar.

Villada Paredes, F. y Bernal Casasola, D. 2020. "Del istmo a las murallas reales: Un desafío para la arqueología preislámica de Septem (ss. I-VII d.C.)". *Antiquités africaines* [En ligne], 55 | 2019, https://doi.org/10.4000/antafr.1266

ANEXO

1. DESCRIPCIÓN PORMENORIZADA DE LAS PIEZAS

GRUPO 1. Cocina (Fig. 5)

FM-05/UE015-1/23: Olla realizada a mano o torneta, de cuerpo globular y perfil en S, borde exvasado y labio redondeado, ligeramente engrosado al exterior, diámetro de la boca 9.5 cm. Se observan variaciones en el grosor de la pasta, resultando mucho más fina en la curvatura del cuerpo globular, lugar donde además se observan fracturas. Acabado simple y sin tratamiento, resultando en una textura gruesa y rugosa. Además del color oscuro resultante de una cocción alterna, la olla presenta evidencias de haber estado expuesta al fuego, estando completamente negra en los extremos junto a lo que sería la base. Pasta de color marrón de cocción alterna, fábrica gruesa y textura rugosa. La pasta está poco depurada, encontramos una densidad de inclusiones moderada, con inclusiones de tamaño grande regulares y morfología muy variada en la que predominan los cuarzos.

FM-05/UE015-2/24: Olla realizada a mano, cuerpo globular y perfil en S, borde exvasado y labio engrosado con tendencia triangular, diámetro de la boca 15.5 cm. El labio se encuentra fracturado casi en su totalidad, indicando que la sección engrosada debía ser algo mayor. En el cuello se marca con una línea fina el comienzo del cuerpo. La superficie, a pesar de ser rugosa, parece haber contado con algún tipo de tratamiento, ya que se observan evidencias del paso de una espátula o similar junto a torneta. En el interior se observan marcas del modelado a mano. Pasta de color anaranjado y cocción alterna, fábrica gruesa y textura rugosa. Pasta poco depurada, con densidad de inclusiones abundante, de tamaño grande y regular y morfología variada, predominando formas cuadrangulares que podrían tratarse de cuarzos.

FM-05/UE015-3/25: Olla realizada a torno, perfil en S y borde exvasado, labio ligeramente engrosado al exterior y de tendencia trapezoidal, diámetro de la boca 15.5 cm. El cuello cuenta con poco desarrollo y el cuerpo no se conserva, aunque intuimos su tendencia globular. Responde a ollas de tradición tardorromana. Alisado o espatulado en la superficie exterior. Pasta de color marrón y cocción reductora, de fábrica gruesa y textura rugosa. Pasta poco depurada con inclusiones abundantes, de tamaño grande e irregular y con morfología cuadrangular, principalmente cuarzos aparentemente.

FM-05/UE015-15-16: Marmita realizada a mano de cuerpo troncocónico, paredes rectas y borde recto con labio redondeado, diámetro de la boca 18.5 cm. Se observan evidencias de algún tratamiento exterior de alisado. Cuenta con un mamelón de sección triangular a modo de asidero, posiblemente fueran más del único conservado. Por paralelos formales podríamos intuir una base plana o ligeramente convexa. Pasta de color rojizo y cocción alterna, fábrica gruesa y textura rugosa. Consideramos que se trata de una fábrica poco depurada, con frecuencia de inclusiones abundante, de tamaño grande y poco uniforme, con morfología muy variada. Observamos la posible presencia de cuarzos y carbones.

FM-05/UE015-13: Borde de cazuela de tamaño mediano realizada a mano. Borde recto, simple y con labio redondeado, diámetro de la boca 14 cm. En el cuello se aplica un cordón de sección triangular con incisiones en sentido vertical. Sobre el cordón encontramos una línea de aproximadamente 1 cm de ancho que puede ser resultado de la aplicación del cordón con el dedo. No se observa tratamiento interior, aunque sí exterior, ya que, pese a la pasta grosera, el acabado superficial no es rugoso. Pasta de color marrón y cocción alterna, observamos partes totalmente en negro. Fábrica gruesa y textura rugosa. No parece una pasta depurada, presenta inclusiones en una frecuencia común, no son uniformes en tamaño, encontrando algunos muy grandes de aproximadamente 1 cm y otros muy pequeños solo observables con la lupa. La morfología de las inclusiones es muy variada, en color, forma y apariencia.

FM-05/UE015-14: Borde de cazuela realizada a mano, o marmita ya que no conservamos apenas desarrollo del borde, de mayor tamaño y borde ligeramente exvasado y curvado hacia el interior, diámetro de la boca 19 cm. Se observa el arranque de un cordón con sección triangular y acabado en arista, aunque su parte baja se encuentra parcialmente fragmentada. Pasta de color rojizo y cocción alterna, de fábrica gruesa y textura rugosa. Pasta poco depurada y frecuencia abundante, de tamaño grande y poco uniforme en tamaño y morfología.

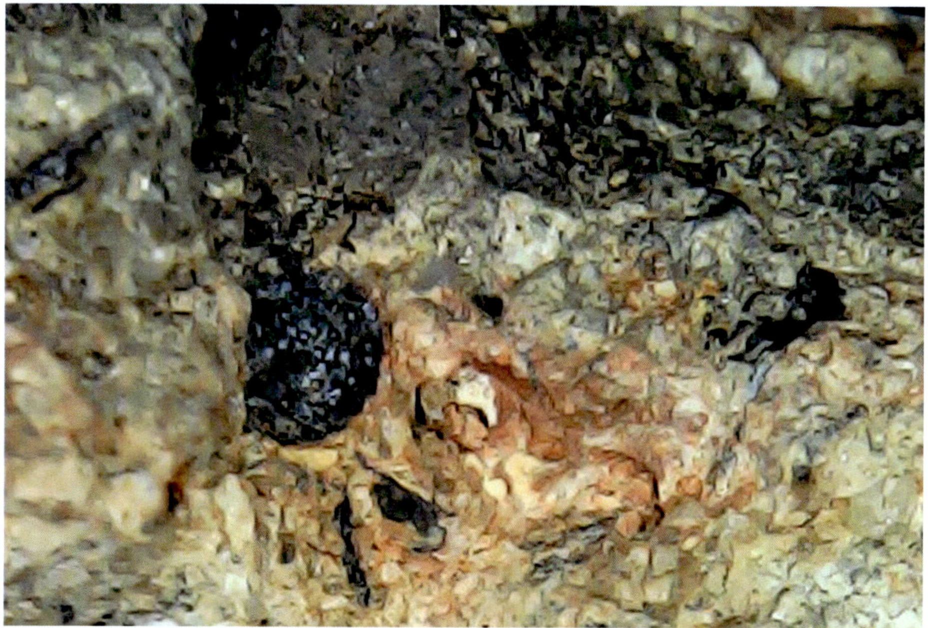

FM-05/UE015-15: Fragmento de cazuela realizada a mano que nos permite conocer el desarrollo completo de la pieza, presentando fondo, borde y mamelón, diámetro de la boca 23 cm. Pared prácticamente recta ligeramente exvasada al exterior. La base es plana, aunque al estar realizada a mano no es completamente recta. Se observan las evidencias del modelado a mano, especialmente en el interior. Cercano al borde se encuentran dos mamelones situados enfrentados, de forma rectangular y escaso desarrollo, no parecen haber servido como agarre, sino como algún tipo de asidero o apoyo. La base está completamente rota y separada del cuerpo, indicándonos con esta rotura indicios de su proceso de fabricación (el cuerpo se desarrolla mediante "churros" en lugar de ahuecado). La parte baja cercana a la base se encuentra requemada en comparación al resto, indicándonos su uso en el fuego. Pasta de color rojizo y cocción alterna, de fábrica grosera y textura rugosa. La pasta no se encuentra depurada, encontramos inclusiones abundantes de tamaño grande y sin uniformidad tanto en tamaño como en morfología. Observamos inclusiones de tamaño grande, 1 mm aproximadamente, que podría ser carbón o algún otro elemento carbonizado.

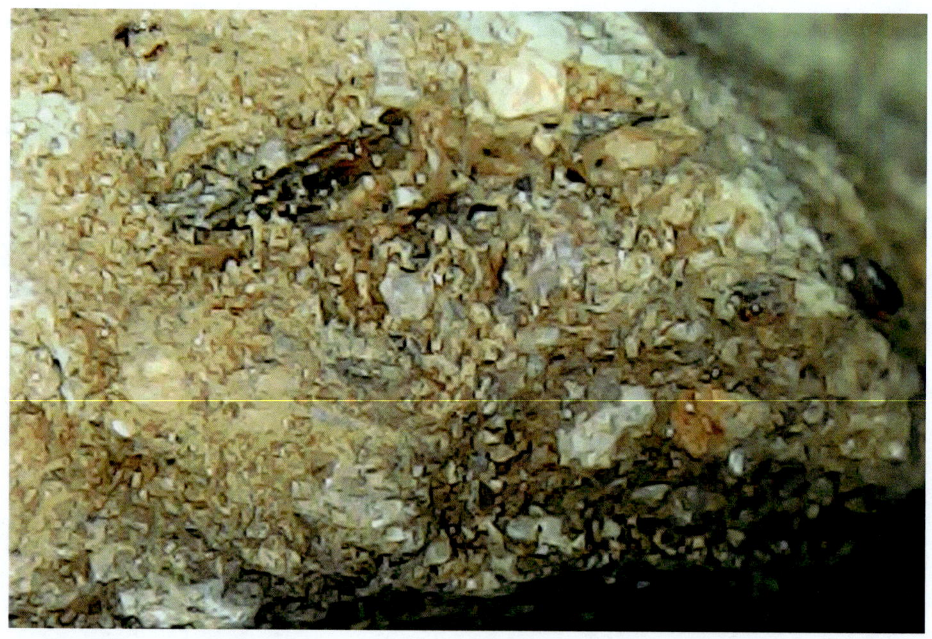

FM-05/UE015-8: Cazuela realizada a mano, borde exvasado hacia el exterior y labio redondeado, base plana y de menor grosor que la pared del cuerpo, diámetro de la boca 30.5 cm. Presenta tratamiento exterior de alisado, aunque se pueden observar evidencias claras del modelado a mano, especialmente en el interior de la pieza. Pasta de color marrón, cocción alterna y fábrica grosera con textura rugosa. Pasta sin depurar, con inclusiones abundantes, de tamaño grande y poco uniformes en tamaño y forma.

GRUPO 2. Mesa (Fig. 6)

FM-05/UE015-18: Jarro de gran tamaño realizado a torno, solo conservamos la boca y parte del asa pegada al borde, diámetro desconocido. El borde es exvasado con labio simple ligeramente redondeado, engrosándose un poco al interior. No cuenta con tratamiento al exterior o al interior. La pasta es de color crema y cocción oxidante, de fábrica fina y textura suave. Consideramos que la pasta está depurada, aunque presenta inclusiones irregulares. La frecuencia de las inclusiones es moderada, con tamaños irregulares y morfología redondeada.

FM-05/UE015-21/1: Galbo de jarrita de pared recta con carena realizado a torno. Jarro de cuerpo cilíndrico con carena muy marcada en lugar de engrosamiento globular. Cuenta con acabado exterior de alisado, diámetro máximo 16.5 cm. Pasta de color rojiza, cocción alterna, fábrica media y textura rugosa. Pasta no depurada con inclusiones abundantes con tamaños poco uniformes (mayoritariamente pequeños, pero otros muy gruesos de más de 1mm), y morfología muy variada.

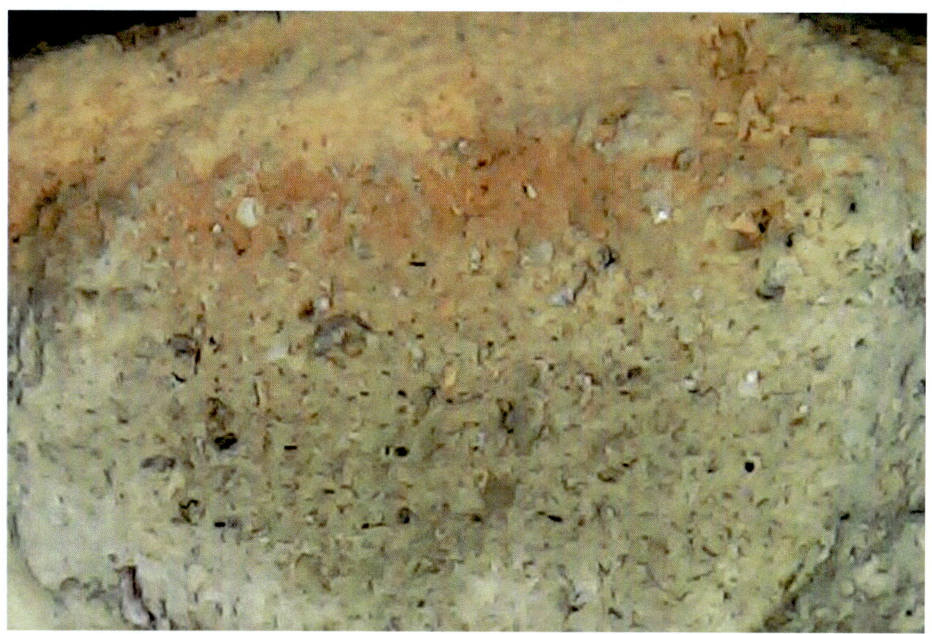

FM-05/UE015-21/2: Galbo de jarrita de cuerpo globular y boca ancha cilíndrica realizada a torno. Se conserva la curvatura de la pared y la carena previa al cuello, diámetro máximo 9 cm. No tiene acabado exterior, con una apariencia bastante porosa. Se observan ligeras marcas del torno. La pasta es de color crema y grisáceo, de cocción alterna, fábrica media y textura arenosa. No parece una pasta depurada, cuenta con inclusiones moderadas, medianamente uniformes en tamaño (pequeño y medio) con morfología muy variadas.

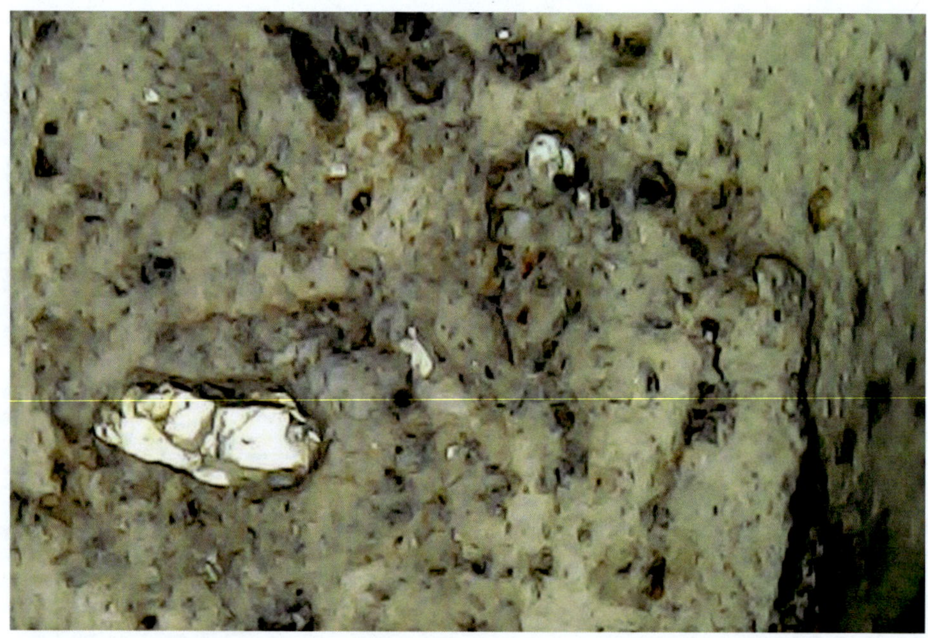

FM-05/UE015-21/3: Galbo de jarrita de cuerpo globular, presuponemos por paralelos claros existentes que tendría cuello cilíndrico y boca ancha realizado a torno, diámetro máximo 14 cm. Se conserva la curvatura del cuerpo, presentando marcadas acanaladuras resultantes del torneado. No tiene tratamiento exterior aparente. Pasta de color crema y de cocción oxidante, de fábrica media y textura arenosa. Pasta no depurada con inclusiones comunes, de tamaño muy variado, generalmente medio y morfología variada. Observamos la presencia de inclusiones doradas que podrían ser mica, algunas de más de 1mm.

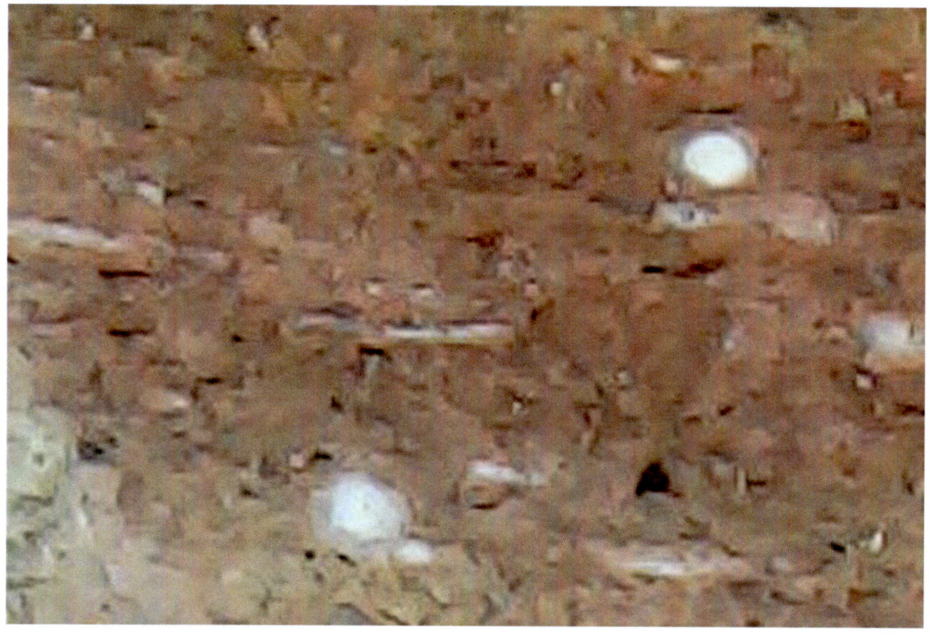

FM-05/UE015-21/4: Galbo de jarrita realizado a torno de cuerpo globular, al igual que los anteriores, presuponemos cuello cilíndrico y boca ancha, diámetro máximo 14 cm. La superficie exterior parece tener algún tipo de tratamiento o alisado. Pasta de color rojizo y cocción oxidante, fábrica media y textura grosera. No parece estar depurada, las inclusiones son moderadas, de tamaño medio y poco uniformes en tamaño. La morfología de las inclusiones es alargada, creando laminados. Algunas inclusiones son redondeadas y huecas.

FM-05/UE015-21/5: Fragmento de fondo de jarra presumiblemente por el tipo de pasta porosa, el desarrollo no es suficiente para confirmarlo, a torno, diámetro base 6.5 cm. Presenta una base completamente plana y gruesa, ligeramente engrosada hacia el interior. El arranque de la pared del cuerpo parece indicar cierta globularidad del cuerpo. Pasta de color anaranjado rojizo de cocción oxidante, fábrica gruesa y textura rugosa. Pasta sin depurar, con frecuencia de inclusiones común. La uniformidad de las inclusiones en cuanto a tamaño es media, siendo la mayoría de ellos de pequeño tamaño. La morfología es muy variada.

FM-05/UE015-21/6: Fondo y cuerpo de jarrita de cuerpo globular carenado formado por varios fragmentos realizado a torno, diámetro base 7.5 cm. Base plana con engrosamiento al interior en el centro. Conserva el arranque de una posible asa en el lateral. Presenta una doble carena que crea una banda ancha en la parte baja del cuerpo. Sobre esta banda se disponen diversas acanaladuras cuyas aristas se encuentran muy marcadas. Presenta tratamiento exterior de alisado, generando una textura tizosa. Pasta de color crema de cocción oxidante, fábrica media y acabado arenoso. Pasta sin depurar con frecuencia de inclusiones moderada, de tamaño medio y poco uniforme en tamaño y morfología.

FM-05/UE015-5: Fragmento de fondo de jarra de tamaño medio, base ligeramente convexa a torno, diámetro de la base 14.5 cm. Se observan diferencias en el estado de la pared exterior que puede ser resultado de haber perdido algún tratamiento con el que no contamos, quizá un engobe. La pasta es de color anaranjado de cocción alterna, fábrica media y textura gruesa. La pasta no está depurada, la frecuencia de inclusiones es común, sin uniformidad en el tamaño (medio generalmente) ni en la forma.

FM-05/UE015-1/26: Borde y asa de jarro de boca ancha y cuello cilíndrico, y presuponemos por paralelos y composición del contexto, cuerpo globular y base plana, realizada a torno, diámetro de la boca 13 cm. El borde es prácticamente recto, ligeramente exvasado al exterior y el labio es redondeado con engrosamiento tanto interior como exterior. La parte interior del borde presenta estrechamiento para la posible colocación de una tapadera. El asa es simple, colocada de manera directa sobre el borde y de sección circular, aunque muy irregular. La superficie es porosa y aparentemente no se observa ningún tratamiento exterior o interior. Pasta de color crema y cocción oxidante, fábrica media y textura arenosa. Pasta sin depurar con inclusiones comunes, de tamaño pequeño y poco uniforme en tamaño y morfología.

FM-05/UE015-20: Borde de jarrita de cuello cilíndrico y boca ancha, al igual que el resto de los discutidos presuponemos el desarrollo globular del cuerpo y realizado a torno. Borde de tendencia recta y labio sencillo y redondeado, cuyo extremo se estrecha, diámetro de la boca 11 cm. A pesar de la tendencia recta del borde, se observa cierta curvatura en la parte central del cuello. No presenta evidencias de tratamiento exterior o interior. Pasta de color crema y cocción oxidante, fábrica fina y textura suave. Pasta poco depurada, frecuencia de inclusiones común, de tamaño generalmente pequeño y medianamente uniforme y morfología redondeada. Tiene unas grandes manchas de forma redondeada de color marrón en algunas partes de la pasta.

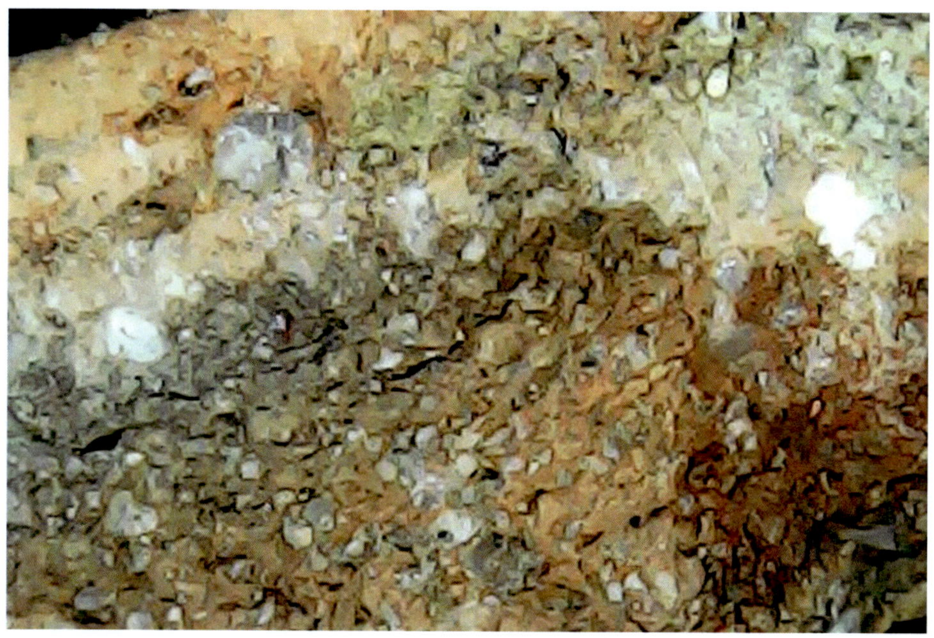

FM-05/UE015-20': Borde de jarrita de cuello cilíndrico y boca ancha a torno, imaginamos como en el resto desarrollo globular del cuerpo, diámetro de la boca 10 cm. El borde se engrosa al interior y el exterior, teniendo el labio un acabado redondeado y con una ligera muesca en el exterior, muy pegada a la boca, posiblemente resultante en el proceso de manufactura. Bajo esta muesca se disponen dos finas líneas paralelas realizadas por incisión. No observamos ningún tratamiento exterior de la pasta. La pasta es de color rojizo y de cocción alterna, de fábrica grosera y textura rugosa. No está depurada, la frecuencia de inclusiones es abundante, con inclusiones de tamaño grande y muy poco uniformes en tamaño y forma.

FM-05/UE015-Asa1: Asa de jarra, con pasta de color crema y cocción oxidante, de fábrica media y textura arenosa. Pasta sin depurar, frecuencia de inclusiones abundante, de tamaño pequeño, redondeadas y muy uniforme.

GRUPO 3. Almacenaje (Fig. 7)

FM-05/UE015-2/27: Orza de pequeño tamaño realizada a torno, cuerpo cilíndrico y borde ligeramente exvasado al exterior, el labio redondeado se engrosa al interior creando espacio para la colocación de una tapadera, diámetro de la boca 10.5 cm. La superficie exterior no presenta tratamiento, aunque se observan acanaladuras resultantes del modelado a torno. Pasta de color crema y cocción oxidante. De fábrica final y textura lisa. No consideramos que la pasta esté depurada por el tipo de inclusiones, aparecen de manera abundante, el tamaño es regular, siendo casi todas ellas de pequeño tamaño, y la morfología es muy variada (inclusiones redondeadas, alargadas y con aristas).

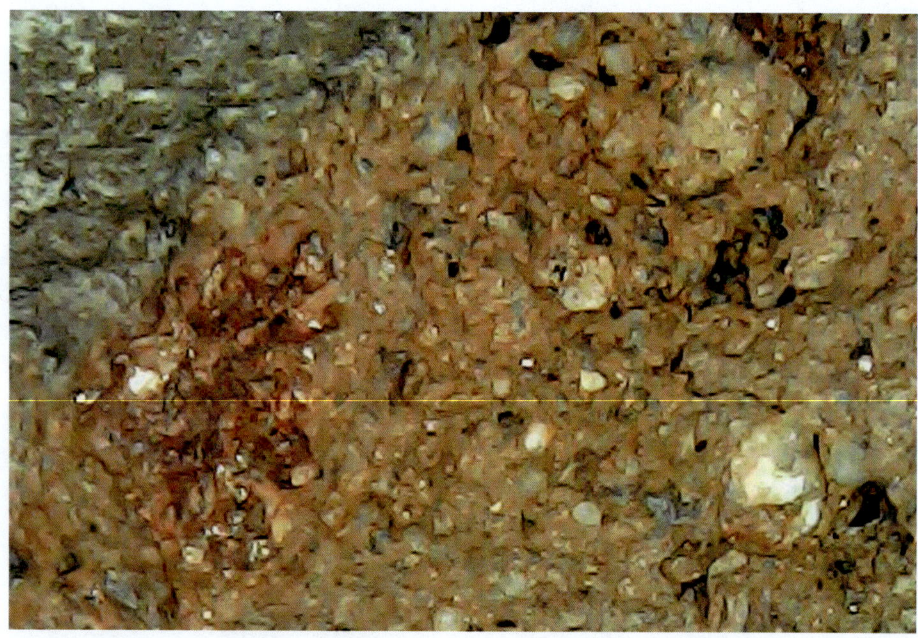

FM-05/UE015-10: Borde de tinaja de gran tamaño, pasta grosera y muy gruesa. Borde engrosado al exterior de sección triangular y exvasado ligeramente al exterior, diámetro de la boca 18.5 cm. Realizado a mano. La pasta es de color marrón de cocción reductora, pasta grosera y acabado rugoso. No se encuentra depurada, encontramos inclusiones en una frecuencia abundante, de tamaño grande y regular, aunque con morfología muy variada, apareciendo tanto elementos redondeados de pequeño tamaño como otros mucho más grandes (más de 1 mm) con formas cuadrangulares y aristas.

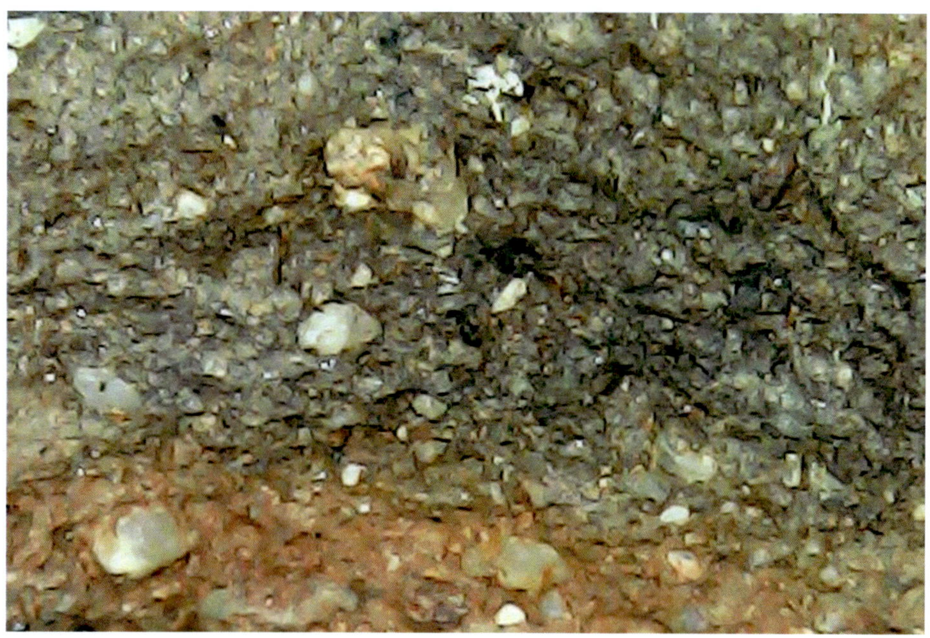

FM-05/UE015-11/12: Galbo de recipiente de gran tamaño, de pasta muy grosera, paredes gruesas y cordón digitado aplicado, diámetro máximo 32 cm. Pasta de color rojizo y cocción alterna, fábrica grosera y textura gruesa. Pasta poco depurada, con inclusiones abundantes de tamaño grande y poca uniformidad en tamaño y morfología.

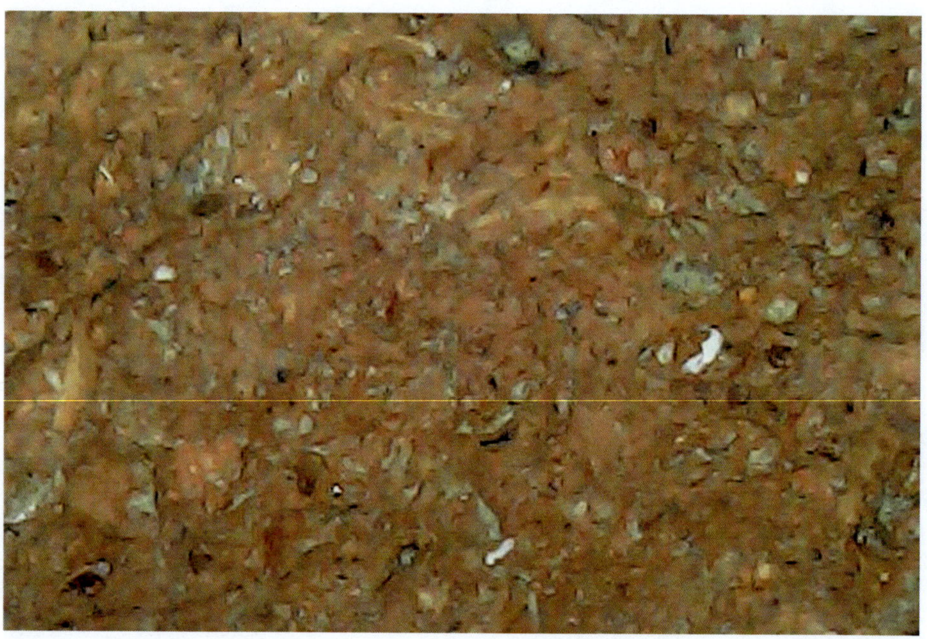

FM-05/UE015-01: Galbo de recipiente de gran tamaño, pasta gruesa y cordón aplicado digitado creando una especie de guirnalda, diámetro máximo 38.5 cm. La pasta es de color rojizo, de cocción oxidante, fábrica gruesa y textura rugosa. No se observa que la pasta fuera depurada ya que la frecuencia de inclusiones es común, nada uniforme en tamaño, y con inclusiones de morfología redondeada.

GRUPO 5. Iluminación (Fig. 6)

FM-05/UE015-CANDIL: El candil se presenta muy fragmentado y apenas aporta información más allá de la composición de la pasta. Pasta de color anaranjado de cocción oxidante, fábrica media y textura gruesa. Pasta poco depurada y con frecuencia de inclusiones común, de tamaño pequeño y medianamente uniforme. Morfología de inclusiones muy variada.

2. TABLA DE CODIFICACIÓN DE LAS VARIABLES TIPOLÓGICAS Y TECNOLÓGICAS

SIGLA	EVE	EVE B	Mod	Gru	Tipo	Ident	Col	Cocc	Fab	Tex	Dep	Frec	Unif	Tam	Morf	Clase
FM-05-UE015-01			mano	3	3.1.2.ac	Tinaja	2	1	2	3	2	3	3	2	3	2.1.2.3.2.3.3.2.3
FM-05-UE015-10	15%		mano	3	3.1.1.1	Tinaja	3	2	3	3	2	4	3	3	4	3.2.3.3.2.4.3.3.4
FM-05-UE015-11-12			mano	3	3.1.2.ac	Tinaja	2	3	3	3	2	4	3	3	4	2.3.3.3.2.4.3.3.4
FM-05-UE015-2-27	18%		torno	3	3.2.1	Orza	1	1	1	1	1	4	2	1	4	1.1.1.1.1.4.2.1.4
FM-05-UE015-1-23	17%		mano	1	1.1.1.1	Olla	2	3	3	3	2	4	2	3	4	2.3.3.3.2.4.2.3.4
FM-05-UE015-2-24	11%		mano	1	1.1.1.3	Olla	2	3	3	3	2	4	2	3	4	2.3.3.3.2.4.2.3.4
FM-05-UE015-8	12%	73,26	mano	1	1.3.1	Cazuela/ tabaq	3	3	3	3	2	4	3	3	4	3.3.3.3.2.4.3.3.4
FM-05-UE015-13	10%		mano	1	1.3.2.ac	Cazuela	3	3	3	3	2	3	3	3	4	3.3.3.3.2.3.3.3.4
FM-05-UE015-14	4%		mano	1	1.3.2.ac	Cazuela	2	3	3	3	2	4	3	3	4	2.3.3.3.2.4.3.3.4
FM-05-UE015-15	7%		mano	1	1.3.2.ab	Cazuela	2	3	3	3	2	4	3	3	4	2.3.3.3.2.4.3.3.4
FM-05-UE015-15-16	9%		mano	1	1.2.2.ab	Marmita	2	3	3	3	2	4	3	3	4	2.3.3.3.2.4.3.3.4
FM-05-UE015-3-25	5%		torno	1	1.1.1.3	Olla	3	2	3	3	2	4	3	3	1	3.2.3.3.2.4.3.3.1

FM-05-UE015-CANDIL			torno	5	5.1.1.2	Candil	2	1	2	3	2	3	2	2	4	2.1.2.3.2.3.2.2.4
FM-05-UE015-ASA			torno	2	-	Jarrita	1	1	2	2	2	4	1	1	3	1.1.2.2.2.4.1.1.3
FM-05-UE015-5	22%		torno	2	-	Jarrita	2	3	2	3	2	3	3	2	4	2.3.2.3.2.3.3.2.4
FM-05-UE015-18			torno	2	2.1.2.1	Jarro	1	1	1	1	1	2	3	2	3	1.1.1.1.1.2.3.2.3
FM-05-UE015-20	1%		torno	2	2.1.1.1	Jarrita	1	1	1	1	1	3	2	1	3	1.1.1.1.1.3.2.1.3
FM-05-UE015-20'	9%		torno	2	2.1.1.2	Jarrita	3	3	3	3	2	4	3	2	4	3.3.3.3.2.4.3.2.4
FM-05-UE015-21-1			torno	2	2.1.1.1.cc	Jarrita	2	3	2	3	2	4	3	3	4	2.3.2.3.2.4.3.3.4
FM-05-UE015-21-2			torno	2	2.1.1.1	Jarrita	1	3	2	2	2	3	2	2	4	1.3.2.2.2.3.2.2.4
FM-05-UE015-21-3			torno	2	2.1.1.1.ca	Jarrita	1	1	2	2	1	3	3	2	4	1.1.2.2.1.3.3.2.4
FM-05-UE015-21-4			torno	2	2.1.1.1	Jarrita	2	1	2	3	2	2	2	2	2	2.1.2.3.2.2.2.2.2
FM-05-UE015-21-5		24,8	torno	2	-	Jarrita	2	1	2	3	2	3	2	1	4	2.1.2.3.2.3.2.1.4
FM-05-UE015-21-6			torno	2	2.1.1.1.cc	Jarrita	1	1	2	2	2	2	2	1	4	1.1.2.2.2.2.2.1.4
FM-05-UE015-1-26	9%		torno	2	2.1.1.3	Jarrita	1	1	2	3	2	3	2	1	4	1.1.2.3.2.3.2.1.4
FM-05-UE015-4							1	1	2	3	2	3	3	1	4	1.1.2.3.2.3.3.1.4

3. DIAGRAMA PARA LA CLASIFICACIÓN TIPOLÓGICA DE LOS REGISTROS

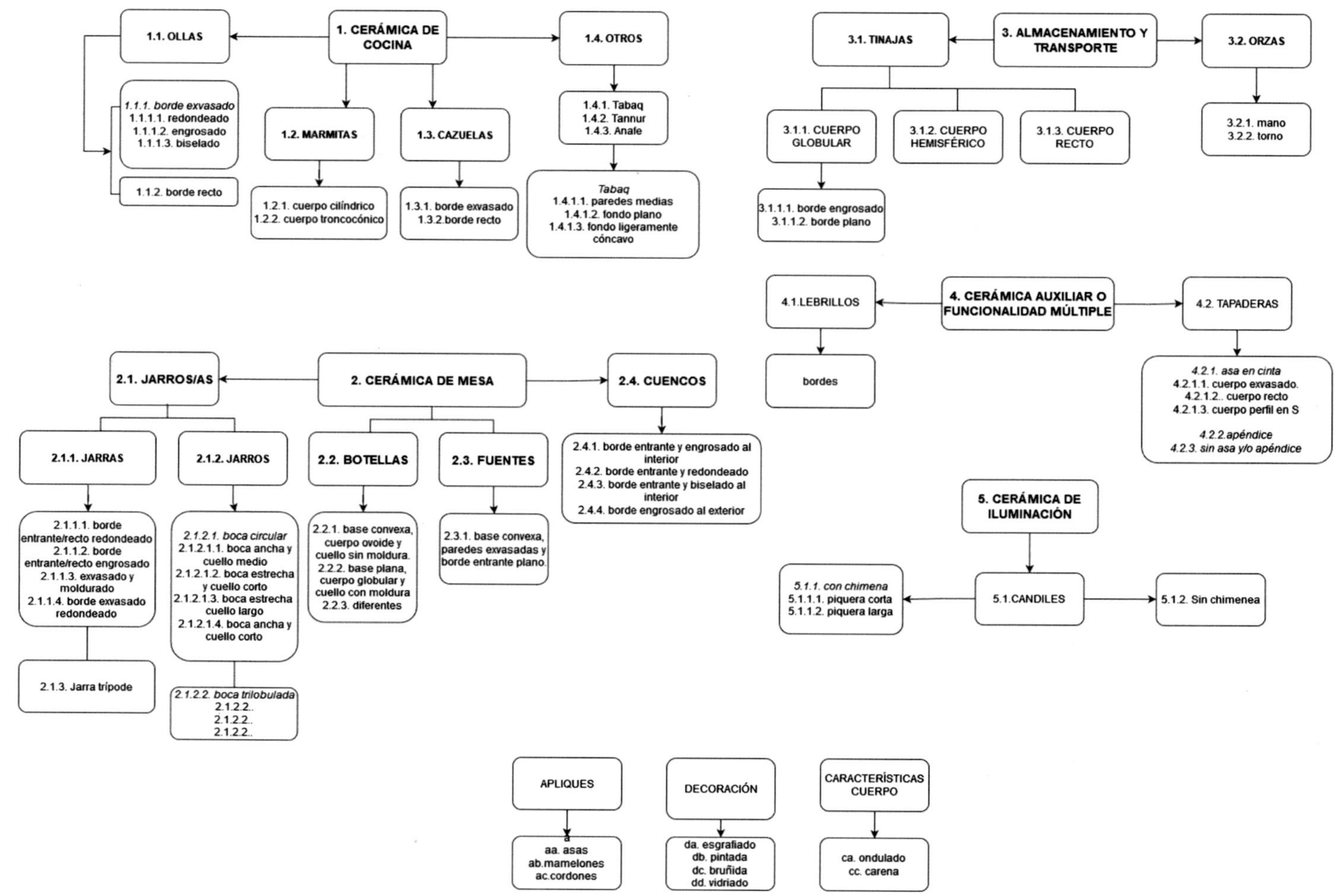

1. CERÁMICA DE COCINA
1.1. OLLAS
1.1.1. borde exvasado
1.1.1.1. redondeado
1.1.1.2. engrosado
1.1.1.3. biselado
1.1.2. borde recto
1.2. MARMITAS
1.2.1. cuerpo cilíndrico
1.2.2. cuerpo troncocónico
1.3. CAZUELAS
1.3.1. borde exvasado
1.3.2. borde recto
1.4. OTROS
1.4.1. Tabaq
1.4.2. Tannur
1.4.3. Anafe
Tabaq
1.4.1.1. paredes medias
1.4.1.2. fondo plano
1.4.1.3. fondo ligeramente cóncavo
3. ALMACENAMIENTO Y TRANSPORTE
3.1. TINAJAS
3.1.1. CUERPO GLOBULAR
3.1.2. CUERPO HEMISFÉRICO
3.1.3. CUERPO RECTO
3.1.1.1. borde engrosado
3.1.1.2. borde plano
3.2. ORZAS
3.2.1. mano
3.2.2. torno
4. CERÁMICA AUXILIAR O FUNCIONALIDAD MÚLTIPLE
4.1. LEBRILLOS
bordes
4.2. TAPADERAS
4.2.1. asa en cinta
4.2.1.1. cuerpo exvasado.
4.2.1.2.. cuerpo recto
4.2.1.3. cuerpo perfil en S
4.2.2. apéndice
4.2.3. sin asa y/o apéndice
2. CERÁMICA DE MESA
2.1. JARROS/AS
2.1.1. JARRAS
2.1.1.1. borde entrante/recto redondeado
2.1.1.2. borde entrante/recto engrosado
2.1.1.3. exvasado y moldurado
2.1.1.4. borde exvasado redondeado
2.1.3. Jarra trípode
2.1.2. JARROS
2.1.2.1. boca circular
2.1.2.1.1. boca ancha y cuello medio
2.1.2.1.2. boca estrecha y cuello corto
2.1.2.1.3. boca estrecha cuello largo
2.1.2.1.4. boca ancha y cuello corto
2.1.2.2. boca trilobulada
2.1.2.2..
2.1.2.2..
2.1.2.2..
2.2. BOTELLAS
2.2.1. base convexa, cuerpo ovoide y cuello sin moldura.
2.2.2. base plana, cuerpo globular y cuello con moldura
2.2.3. diferentes
2.3. FUENTES
2.3.1. base convexa, paredes exvasadas y borde entrante plano.
2.4. CUENCOS
2.4.1. borde entrante y engrosado al interior
2.4.2. borde entrante y redondeado
2.4.3. borde entrante y biselado al interior
2.4.4. borde engrosado al exterior
5. CERÁMICA DE ILUMINACIÓN
5.1. CANDILES
5.1.1. con chimena
5.1.1.1. piquera corta
5.1.1.2. piquera larga
5.1.2. Sin chimenea
APLIQUES
a
aa. asas
ab. mamelones
ac. cordones
DECORACIÓN
da. esgrafiado
db. pintada
dc. bruñida
dd. vidriado
CARACTERÍSTICAS CUERPO
ca. ondulado
cc. carena

A I. 3. 3